藤の木小学校
未来の学びへの挑戦Ⅱ

「鍛えて 発揮する」

主体的・対話的で深い学びを実現する
かく活動 × ICT 活用

広島市立藤の木小学校　著
高橋　純（東京学芸大学・准教授）監修

みんなにスマイル。
教育同人社

目次

第1章　なぜ 今 ICT 活用と "かく活動" なのか

■ はじめに

ICT 活用研究継続の歩み　　6

■ 巻頭提言

主体的・対話的で深い学びと「かく活動」　東京学芸大学・准教授　髙橋純先生　　8

■ 寄稿

藤の木小学校の実践から学ぶところ　新見公立短期大学・教授　梶本佳照先生　14

第2章　鍛える　－学習規律・ICT 活用スキル・かくスキル

1. **藤の木スタンダードの実践　〜生活規律・学習規律を鍛える〜**　　20
   ●藤の木スタンダード11

   コラム　ICT 活用による授業改善　　26

2. **身につけよう ICT 活用スキル**
   ● ICT 活用年間指導計画　　27
   ●各学年の ICT スキル活用の実際　　28
   ●タブレット PC を使った作品集　　34
   ● ICT 活用イベント　　40
   　（1）タブレット開き
   　（2）キーボード選手権
   　（3）情報モラルアップ
   ● ICT 活用に関するアンケート　〜タブレット PC を6年間使った子供たちの意識調査〜 46

3. **身につけよう　かくスキル11**　　49

4. **日常の「かく活動」**　　57

第 **3** 章 　発揮する　－授業実践事例

1. 「かく活動」を位置付けた学習過程モデルができるまで　66

2. 主体的・対話的で深い学び ― 授業実践事例　69

　　主話的な学び

　　　第1学年　算数「なんばんめ」　70

　　　第2学年　算数「水のかさをはかろう」　72

　　　第3学年　社会「広島市の様子」　74

　　　第5学年　理科「ふりこ」　78

　　対話的な学び

　　　第1学年　音楽「おとでよびかけっこ」　80

　　　第4学年　図画工作「10才の自分を気持ち色いろパーツで表そう」　84

　　　特別支援学級　自立活動「いつのことだか思い出してごらん」　88

　　深い学び

　　　第1学年　国語「おとうとねずみチロ」　90

　　　第3学年　算数「はしたの大きさの表し方を考えよう（分数）」　94

　　　第6学年　社会「江戸幕府と大名」　98

　　　第6学年　社会「新しい日本、平和な日本へ」　102

　　スペシャルコラム　対談　これからのICT活用　梶本佳照先生×高橋純先生　106

第 **4** 章 　授業改善から学習改善へ

1. 学習改善のための教材研究・授業準備の仕方　114

2. スキルアップタイム　116

3. ロングスキルアップタイム　118

　　コラム　藤の木小におけるOJT ―初任教諭5年間の学び―　124

■おわりに―今できることに全力で　広島市立藤の木小学校 校長　島本圭子　126

●参考文献・使用デジタル教材　127

第1章

なぜ 今 ICT 活用と "かく活動" なのか

　導入当初、授業での ICT 活用は試行錯誤の連続でした。「電子黒板を使ったけれど、黒板には何も書いていなかった。」「タブレット PC は使ったけれど、ノートに何も書いていなかった。」そんな出来事から、「書く」を大切に取り組み始めたのが平成 26 年度。効果的な ICT 活用には、かく活動が欠かせない。このシフトチェンジが、藤の木小学校の研究推進継続の鍵となりました。

ICT 活用研究継続の歩み

　本校が一人 1 台端末の ICT 活用実践をスタートしたのは、平成 22 年 9 月です。総務省フューチャースクール推進事業実証校及び文部科学省学びのイノベーション事業実証校として、児童・教員一人 1 台のタブレット PC、各教室 1 台の電子黒板（IWC）と実物投影機、無線 LAN 環境と、ステージⅣ（2020 年代に向けた教育の情報化に関する懇談会のまとめ）の ICT 環境が整備されました。平成 25 年度末、事業は終了し、以降は広島市によって環境が維持されています。

　スタートから本年に至る 8 年余の ICT 活用研究は、大まかに 3 期に分けることができます。

1. 黎明期（平成 22 年度～平成 25 年度）

　導入当初は、学級担任 11 名のうち 7 名は教職経験 20 年以上のベテラン教員という構成で、ベテラン教員こそが ICT 活用による授業改善を最もうまく行いました。「電子黒板で課題を拡大提示できるので、前の日に提示用教材を作らなくてもよい。」「子供の考えをタブレット PC に書かせ、授業支援システムで電子黒板に映し出せば、多くの考えが瞬時に共有できる。」など、それまで手間隙かけてきたことに時間をかける必要がなくなることで授業効率が高まり、「児童による説明の時間が確保できる。」「授業時間内に活用問題まで終えられる。」など、ICT による授業改善のモデルを見事に創り上げました。

　公開研究会前の模擬授業では、ICT 活用と発問を繋げた議論等、教材の本質に迫る協議を行うことができ、授業の質が深まりました。

　東北大学大学院教授（当時は玉川大学教職大学院教授）堀田龍也先生のご指導のもと、パイオニア精神で、ICT 活用研究に全力を注いだ 3 年半、教員が ICT 支援員とともに作成したデジタル教材は 1000 を超えました。

2. 維持期（平成 26 年度～平成 27 年度）

　平成 24 年度から既に、ベテラン教員の退職、転任、新規採用教員の赴任と、教職員の交替が始まっていました。平成 27 年度は、学級担任 10 名のうち 6 名が教職経験 4 年未満の若手教員という構成となっていました。

　導入当初から、ICT の使い方に限定した指導ではなく、学びの基盤となる生活規律・学習規律「学びのスタンダード」を統一して指導していたことが、この時期に効果を見せ

ました。児童が身につけた生活規律・学習規律に支えられ、彼らは日々実践しました。それに加え、基本的な指導方法を統一するための「指導のスタンダード」を研究主任が中心となって作成し、板書の仕方、ノートの書き方等を含み、ミニ研修で定期的に実践を振り返りながら、定着が図られました。ベテラン教員も若手教員を積極的に指導・支援しました。管理職による若手研修も校長室で定期的に行われました。

本校で毎年夏期休業中に開催される広島市教育センター主催研修「藤の木塾」がスタートしたのが平成 26 年度です。若手教員も研修指導者として ICT 活用を解説しました。

若手教員は、学習指導案作り、模擬授業の過程を経て、公開研究会にも臨みました。謙虚に努力する若手教員によって授業研究のエネルギーは膨らみ、研究推進の風土が醸成され、それは今も続いています。

平成 27 年度から本校の指導に当たってくださっているのが、新見公立短期大学教授（当時は IPU・環太平洋大学教授）の梶本佳照先生です。梶本先生は、ICT 活用と学習規律、発問や板書等の授業の基礎・基本を関連付けながらご指導くださいました。本校研究推進に役立つ情報もふんだんにご紹介くださり、若手教員が着実に育ちました。

3. 発展期（平成 28 年度〜現在）

平成 28 年度は、ICT 活用授業研究の大きな転換点でした。授業改善から学習改善への転換点です。新学習指導要領について学び始めた時期でもあり、転換は必然でした。

また、平成 28 年度から 2 ヵ年は、パナソニック教育財団第 42 回特別研究指定校、平成 30 年度は同じく教育研究助成校となり、研究を支援していただいています。東京学芸大学准教授の高橋純先生には、平成 28 年度から継続してご指導いただいています。

発展期は、「鍛えて発揮するかく活動」「探究の学習過程　情報収集―整理・分析―まとめ・表現」を研究の軸としています。「かく活動」と ICT 活用を関連付け、ICT 活用を適切に学習過程に位置付けることで、児童の学びに役立つ ICT 活用を実現したいと考えています。児童の学びに役立つ ICT 活用の実際を見せ続けることが、恵まれた環境にある本校の使命であり、そうしなければ ICT 環境整備は進まない、ICT 活用も広がっていかないと、意を新たにして取り組み始め、今日に至っています。本校に赴任してきた教員も、「かく活動」はこれまでの授業でそれぞれに実践してきたことなので、研究テーマへの共感度は高く、研究推進の強力な担い手となっています。

本書は、この発展期（平成 28 年度〜現在）の実践を中心にまとめています。

主体的・対話的で深い学びと「かく活動」

高橋　純（たはかし　じゅん）

東京学芸大学教育学部・准教授　博士（工学）

　本校が「かく活動」をテーマにしたこと、学習過程に着目したこと、これらは主体的・対話的で深い学びの実現、つまりは新学習指導要領のあるべき姿を具体化したともいえます。本編では、本校の実践の背景を解説していきます。

1. 主体的・対話的で深い学びの目的

　主体的・対話的で深い学びは、手段なのか？目的なのか？と問われれば、手段といえます。仮に、対話が活発に繰り返される算数の授業であっても、内容が不十分で、算数としての学習目標を達成できなければ、見せかけだけの対話といえます。

　それでは、主体的・対話的で深い学びの目的とは何なのでしょうか。新学習指導要領解説総則編によると「質の高い学びを実現し、学習内容を深く理解し、資質・能力を身に付ける」と示されています。資質・能力を身に付けるために、主体的・対話的で深い学びを行うことに間違いはありませんが、それは単なる丸暗記とか、穴埋め問題に回答するのが精一杯とか、そういうレベルではないといえます。「量」を前提として、「質」が課題となっているのです。

　ただ、この「質」の違いを、自分自身の感覚のレベルで理解する事は、大変に難しいと感じます。新学習指導要領が告示された際に配布された「学習指導要領等の改訂のポイント」というコンパクトにまとめられた3枚の用紙を見ると、「知識の理解の質を高め資質・能力を育む『主体的・対話的で深い学び』」という表現が、わずかな紙幅の中で、繰り返し使われています。この「知識の理解の質」という一見冗長に見える表現が、質の違いを説明することの困難さを表しているようにも思います。

　知識の理解の質が、低い場合と、高い場合は、何がどのように違うのでしょうか。このことを自分自身が感覚的に理解できるまで何度も問うていくことが、主体的・対話的で深い学びの目的を理解する第一歩のように思われます。質の違いがわかるようになるには、教材研究や学習指導のある程度の経験が必要となります。若い先生であれば、教えながらいつも考えていくことになるでしょう。

2. 主体的・対話的で深い学びを支える言語活動豊かな 言語活動を実現するための「かく活動」や「かくスキル」

　例えば、小学校算数では、「垂直」を習います。その際、「直角に交わる2本の直線は、垂直であるといいます」といった定義を覚え、どのような図形が垂直か、作図もできるようになったとします。教科書にもこういった例題がたくさんあります。これらが答えられれば充分でしょうか。例えば、定義に当たり前のように書かれている「垂直」と「直角」の違いはわかりますでしょうか。大人でもあれっ？と思うかも知れません。さらに定義が気になり始めて、さらに「2本の直線が見た目には交わっていないときは垂直だろうか」「それを、なぜ垂直というのだろうか」と思うかも知れません。

　「垂直」と「直角」の違いは、深い理解というほどの理解ではありませんが、それでも、「知識の理解の質」を上げていこうと思えば、学習者が、言葉を使い、文章を説明するなどしなければ得られないといえるでしょう。だからこそ言語活動が重要といえます。つまり、主体的・対話的で深い学びにおいて、学習目標を満たすためには、言語活動が欠かせないのです。

　言語活動には、聴いたり、読んだり、話したり、書いたりがあります。この中で、最も負荷が高いのは何でしょうか。多くの場合で、書くことといえます。書く言語活動は、学習者が相当に主体的であったり、能動的になったりしないとできません。そして、我々も経験している通り、話を聴いて理解しているつもりでも、実際に書いてみると理解が不十分であることに気づかされることが多くあります。写真を見てわかったつもりでも、友だち同士で話し合ってわかったつもりでも、それらを文章にしようとすれば、わかっていないことに気がついたり、思ったように表現できなかったり、時間が不足してしまったりします。

　書くことの難しさは、多くの大人も感じていることでしょう。話すことは易しくても、それを書くとなると、身構えてしまうことがあります。子供であれば、一層、苦手意識があるかも知れません。そこで、豊かな書く活動を行うためには、まずはスキルとして身に付けていく必要があります。文字を書くこと、書き写すこと、短文を書くこと、文章を書く際の手順を学ぶこと、こういったスキルを身に付けていきます。

　また、文章に書くだけではなく、アンダーラインを引いたりすること、表や図としてまとめることも重要です。それらを含めて、本校では、ひらがなで「かく活動」としました。簡単な順に、スキルとして学んでいく「身につけよう　かくスキル11」にまとめたところに、本校の実践の意味があるといえます。

3. 主体的・対話的で深い学びを、よりよく実現するための「学習過程」

　新学習指導要領では「学習過程」であるとか「学びの過程」という記述が数多く見られます。場合によっては、複数の学習過程が、一つの教科の中に示されていることもあります。新学習指導要領には詳細に示されていなくても、中央教育審議会答申には、より具体的に書かれていますので、そちらを参照するのも良いかも知れません。

　主体的・対話的で深い学びを実現するためには、この学習過程が重要であるといえます。学習過程とは具体的にはどのようなものでしょうか。一例として、探究的な学習の過程を示します（図1）。これは、新学習指導要領解説はもちろんのこと、現行の学習指導要領解説総合的な学習の時間編にも記載されています。

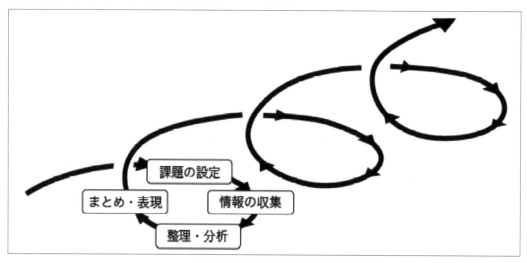

図1　探究的な学習の過程

　もし初めてこの図を見るのであれば、最初から学習指導としてこの図を捉えるのではなく、教師自身が、実際の問題解決のプロセスとしてイメージすることが大事でしょう。研究主任を任され研究テーマを決める時、家を購入する時、どのような問題解決の際も、大まかには、この過程で問題解決等が行われていることに気づかされます。

　学習過程には、どのようなメリットがあるのでしょうか？

　第一に、主体的に見通しをもって学ぶことができます。未知なる問題に直面したとき、何から手を付けて良いかわからないこともあります。最初に何をすれば良いかわからず諦めてしまうかも知れません。学習過程を理解していれば、まずは「情報を収集」をしてみようとなります。次にそれらをわかりやすく図や表に「整理」して、「分析」をしてみようとなります。そして、「まとめ」たり、「表現」したりすれば、振り返りや他者からの意見により、新しいアイディアが出てくるかもしれません。これらを通して、より具体的な新たな課題が設定され、再びプロセスが始まります。主体的といえば、授業中、見た目に子供たちが活発に活動することを指すかも知れません。ただ、最終的には、大人がいなく

ても、学び続ける子供が主体的と考えることが必要でしょう。こういった学習過程を身に付け、学ぶための手がかりや見通しをもって、自ら学ぶ姿こそ、主体的な学びといえるのではないでしょうか。

　第二に、繰り返し学びやすくなります。知識・技能を身に付ける際には、繰り返しが重要となります。漢字の読み書きでの短時間の繰り返しやドリル学習などは、多くの方にとって既知のことです。一方で、問題解決能力、思考力・判断力・表現力等は、知識・技能よりもより複雑で高度な資質・能力です。さらに繰り返し学習をしていかないと育まれないと考えた方がよいと思います。繰り返しといっても、漢字の読み書きのように短時間の単純な繰り返しではありません。1回あたり数時間とか数ヶ月かけて繰り返していくことになるかもしれません。舞台役者が、成長には場数が重要などといいますが、そんなイメージです。そういった繰り返しであっても、一定のパターンや型が必要と考えます。まずは型を身に付ける。そして場数を踏んでいき、型破りになっていく、そういった型として、学習過程を位置付けます。

　第三に、深く学ぶことができるということです。ある問題に接したときに、どのように解決すべきか、何を解決すべきかというように、解決のための「方法」や「内容」の両方を毎回考えるようでは、深く問題解決することはできないと言えます。解決の「方法」はある程度理解しているからこそ、「内容」により一層迫ることができるのです。例えば、児童同士が協働で問題解決を行う際に、今は「情報の収集」の段階であると共通認識できていれば、どのような「情報の収集」の方法が効率的かという議論にフォーカスすることができます。しかし、こういった共通認識がない場合、情報を分析しようとか、プレゼンしてみようとか、様々な解決の「方法」も提案され、肝心の「内容」に迫ることができない可能性もあります。深く学んだり、深い対話をしたりするためにも、学習過程が共通認識されることは必要といえます。

　このようにメリットを挙げていくと、実際には、主体的・対話的で深い学びを実現するために、学習過程があるのではなく、学習過程の「情報の収集」等の各段階のレベルアップのために、主体的・対話的な学びが行われ、さらにそういった学習過程が繰り返されることで深い学びとなっていくのだと感じることができると思います。

　さて、このような学習過程ですが、なぜ、本校は、「かく活動」を学習過程に位置付けたのでしょうか。これは、個別に身に付けた「かくスキル」を、生きて働くスキルとしたり、単純なスキルから高度な能力に発展させたりするためにも必要と考えたからだといえます。

　日本人は多くの知識を持っているけども、応用が効かない、などと揶揄されますが、スキルも同様です。多くのスキルを持っていても、学習者自身が発揮すべき場面を認知できなければ宝の持ち腐れになります。そこで、発揮すべき箇所がわかり、見通しをもって発揮するために、学習過程に位置付けたのです。教員も、学習過程を意識することで、整理・

分析の段階においてわかりやすい図にまとめるために「かくスキル」を発揮させるなど、意図を意識した学習指導がしやすくなります。

4. 学習過程や主体的・対話的で深い学びを支える ICT 活用

　ICT 活用も似ていて、学習過程の「情報の収集」等の各段階のレベルアップのために ICT 活用が行われ、そうした学習過程が繰り返されることで深い学びとなっていくのだと説明できると思います。或いは、学習過程をレベルアップするために主体的・対話的で深い学びがあり、それらを支えるために ICT 活用があると、段階的に考えることができるかもしれません。いずれにしても、ICT は道具でありますので、何らかの学習活動を支えるのだといえます。

　道具として ICT を活用するのであれば、鉛筆でノートに書くように、スラスラと活用できる ICT 操作スキルの習得が前提となります。しかし、全国各地で行われる 1 人 1 台 PC の授業実践において、タブレット PC を運んできたり、電源を入れるときにすら、児童から質問があったりトラブル等が起こったりすることがあります。そして、パスワードを入れるときにも、ソフトウエアを立ち上げるときにも、ブラウザで指定のホームページを開くときにも、あれこれ起こるケースが多く見られます。やっと学習が始まっても、今度は文字も上手に入力できず、結局、カメラを使う実践ばかりになってしまう。全員が揃うまで待ち続けるような無駄な時間が何分も必要となったり、基本的なスキルが不足することで実践が制約されたりしていく。それなら紙で行った方がマシということになるかもしれません。

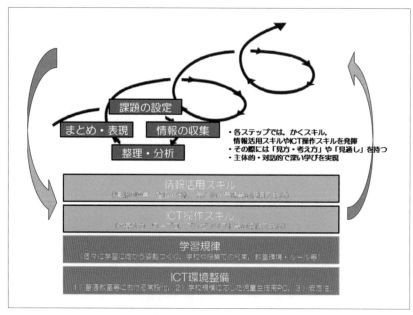

図2　学習過程とそれらを支える ICT

全校レベルで、こうした ICT 操作スキルを身に付け、学年相応の ICT の操作ができる学校は多くはありません。本校では、もちろん、これらが当たり前にできます。だからこそ ICT 活用が全面にでる研究テーマではなく、「かく活動」がテーマになったといえます。

　それでは、ICT 操作スキルを身に付けるだけで、学習過程を支えることができるのでしょうか。おそらくそれでも不十分でしょう。インターネットで検索するとしても、単に操作できるだけではなく、適切なキーワードを決めたり、検索されたページがテーマに沿った内容か判断したり、複数の情報を比べたりするといった「情報活用スキル」も欠かせません。つまり、「ICT 操作スキル」+「情報活用スキル」が組み合わさって、ICT が道具として役立っていくのだと思います。これらを一般的にまとめるならば、図2のようになると思われます。

　社会人が ICT を使う理由に、効率的であるということがあると思います。ICT を使った方が短時間で様々なことができたり、無駄が少なくなったりします。授業においても、ICT を使った方が、短時間で様々なことができたり、無駄が少なくなったりするといえるでしょう。つまり、児童一人ひとりの頭が、ICT を使った方がフル回転する、こういったイメージで実践ができるかどうかが重要であるといえます。

　本校は、8 年以上にわたり、日常的に児童一人ひとりがタブレット PC を活用しながら、教科等の学習を行っています。当然ながら、そのための ICT 環境や学習規律も整っています。こうした ICT を活用する前提が整っているといえます。だからこそ、「かく活動」や「学習過程」に着目し、それらを ICT で支えることで児童の頭が一層フル回転していく。そういった、単なる ICT 活用よりも進んだ実践に取り組んだといえます。

■寄稿

藤の木小学校の実践から学ぶところ

梶本 佳照（かじもと　よしてる）
新見公立短期大学　幼児教育学科・教授

1．タブレット PC を活用した活動

　一人１台やグループ１台のタブレット PC を活用している学校の授業でよく見受けられるのが、次のような活動です。

　教師から出された課題について「個人で自分の考えをまとめる」―「グループ内で意見交換をする」―「グループの考えをタブレット PC にまとめる」―「各グループのタブレット PC 画面を大型提示装置に映す」―「大型提示装置に映された映像をもとに各グループのまとめを全体に発表する」。

　この活動には、２つの目的が含まれています。

　教科の授業を例にすると、一つは、その時間における教科としての目標を達成すること。もう一つは、自分の考えやグループの意見・考えをまとめて発表する過程で情報活用能力を育成することです。さらに言えば、ここで育成される情報活用能力は、発表能力に近いと言えます。この活動は、学習指導要領改訂に合わせてアクティブ・ラーニングが注目を集めるのに伴い、この授業形態が盛んに見られるようになりました。この授業を見ていて気になるのは、大型提示装置に映して説明するという活動をすると授業が成立したように感じてしまうところです。この授業では、発表に対して聞いている児童から質問をいくつか受けて、それに答えて終わるという形態が多く、教師と聞いている児童生徒とのやり取りがあまり見られません。

　教科の目標を達成することは、内容の習得を目指しています。そして、情報活用能力を育成することは、方法・手法の習得を目指していると言えます。この２つは、車の両輪ですが、その時間の目標とする内容を習得することは、軽くなってはいけないと思います。その時間の教科の目標は、その時間で達成しておかなければ、どこかで再度学び直さなければなりません。

　一方、能力は、一度で身につくものではなく、何回もそれにつながる方法や手法を繰り返し練習することにより身についていくものです。

　さらに、グループで話し合う場合、その授業で習得させようとする内容を既存の知識と関連づけて考えるという思考を伴って習得させることにより定着し、使えるレベルの知識になっていくとともに、それを活用する力を育てることにつながります。数人と話し合う中で "ああでもないこうでもない、前に学習した内容も合わせて考えるとこうかな…" こ

れが協働的な学習の意味するところで、この過程で学びが深まっていくと思います。この授業は、従来から小学校では、よく行われてきた授業形態です。このような授業を行うためには、教材研究をしてその教材のポイントは何で、何を教えたいのか、何を学ばせたいのかを教師がしっかりと持っていなくてはなりません。そして、グループ等で活動している時や全体に意見を発表していく時に、教師は子どもたちの考えをゆさぶり、考えを深めていくことをしていかなければなりません、そうしないと単に活動主義に終わってしまう危険性があります。児童がタブレット PC を使用して行う発表についても同様です。

　藤の木小学校の特徴を授業面、学習規律面、教師文化の継承の面からとらえてみます。

2．藤の木小学校の授業面での特徴

（1）デジタル教材の自主作成と蓄積

　藤の木小学校では，教科内容の理解を助けるためのデジタル教材を教師が教材研究を通して作成し、授業に活用しています。その結果、教師は、授業の中でそのコンテンツをどういう目的で映しているのか理解していて、自分の授業の中にこなれた形で取り入れています。

教科内容の検討とつながるICT活用

　そのコンテンツを映した時にどういう発問・質問をするのかよく考えられています。

　授業形態は、各タブレット PC の画面を電子黒板に映しておいて発表していくという活動を重視した授業ではなく、映した内容を基に授業内容の理解に焦点化し、教師と子どもとのやり取りがある授業になっています。

　社会科の授業の場合、この単元で何を教えるのか→どの資料を用意する必要があるのか、それをどう見せるのか、それでどういう指示・問いかけをするのか→それに対して子どもは、どういう反応をするのか考える。この過程で，教師は、教材自体を深く考えることになります。このことが、教師にとって授業中の子どもの意見や動作に反応できる力になると思います。教師がこの過程を経ずして学習方法だけを身につけたとしてもそれは、学習方法を行うことが目的になってしまいます。

　藤の木小学校の自作デジタル教材は、毎年蓄積されていて、担当する学年が変わっても、以前にその学年を担当した教師が作成した教材をもとに子どもたちの実態に合わせて少し

修正を加えるだけで利用することができます。さらに、このデジタル教材は、使用されている教科書に沿って作成されているので子どもにとっては理解しやすくなっています。これは、大きなことで目の前にある教科書と同じ図表や絵がタブレットPCの画面や大型提示装置に映されていると子どもの戸惑いもなくなります。

(2) 書くことを重視した指導

　授業で、教師が出す最初の課題について自分の考えや意見を持つことができないと教師との受け答えに対しても、グループや学級全体での話し合いでも授業に参加できないまま授業が進んでいくことになります。おぼろげな考えは、書くことによりはっきりとしてきます。その点で、藤の木小学校では「かく活動」を取り入れることにより、児童が最初から授業に参加できないことがなくなっています。

　また、平成26年度「学力調査を活用した専門的な課題分析に関する調査研究（効果的な指導方法い資する調査研究）」（お茶の水女子大学）の中で、教育効果の高い学校の表現力・課題探求力の向上の観点の指導例として、「児童が自分で調べたことや考えたことをわかりやすく文書に書かせる指導」、授業スタイルの観点の指導例として「授業最後に学習したことを振り返る活動を計画的に取り入れた活動」が報告されています。藤の木小学校の授業では、授業の最後にその授業でわかったことを自分の言葉で書いてまとめ、その授業を振り返る活動を行っています。

　さらに、書く活動を「かくスキル11」として体系化しています。これは、情報活用能力の育成を目指したものとも言えます。このスキルをタブレットPCとノートとの関係で見ていくと、「キーワードに線を引く」、「キーワードを○で囲む」、「○で囲んだものどうしを矢印で囲む」はタブレットPC、「重要なキーワードを書き抜く」、「文を書く」はノートを使う方が双方の特性を活かせると思いました。

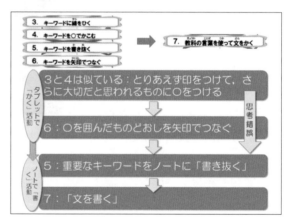

　「かくスキル11」として書く活動を見える形にすることにより、学校の教師自身も授業で行うことが見えやすくなり学校全体として取り組みやすくなります。学校としての研究目標は、抽象的な言葉で留まることなく、具体的な子どもの姿や教師の具体的な行動として落とし込むことにより学校全体として効果が上がると思います。この活動は、情報活用能力の育成を書く活動を通して具体化したものです。

　また、「きく」の段階にも「聞く」→「聴く」→「訊く」の段階があり、この段階を意識することにより教師の指導力も伸びると思います。

「聞く」は、単に「聞く」、単に話の内容を「聞き取る」段階、「聴く」は、注意して「聴く」、自分の考えと比べながら「聴く」段階、「訊く」は、尋ねながら「訊く」、相手に尋ねたり自分の考えを返したりしながら「訊く」段階です。

3．藤の木小学校の学習規律の重視

　児童一人ひとりがタブレット PC を持つと児童にとっては、興味を惹かれる機器が目の前にあることになります。学習規律が浸透していない学級で、個々の児童がタブレット PC を持つと授業に集中しなくなる危険性があります。藤の木小学校は、学習規律の育成にも力を入れていて、タブレット PC の操作で注意をそがれることはありませんでした。児童は、教師の話を聞くときには聞く、タブレット PC で調べたり、書いたりするときにはそのことに集中していました。学習規律の育成は、タブレット PC を使っていない学校でももちろん重要なことですが、手元に機器があると、どうしても触りたくなってしまうので、より学習規律は大切になってきます。

4．藤の木小学校の教師文化の継承

　藤の木小学校の教員も、毎年人事異動で変わっています。しかし、6 月に授業を見た時に、授業の中での ICT の使われ方にほとんど差がありませんでした。校内の研修体制がしっかりとしていて ICT の活用技術のみならず生活規律と学習規律も含めて授業文化や教師文化の継承が上手く行われる仕組みが構築されていると感じました。藤の木小学校の学校文化を継承していくシステムができていると言えます。

　幼稚園教育要領、小・中学校学習指導要領等の改訂のポイント「我が国の教育実践の蓄積に基づく授業改善」（文部科学省 2017）には、「我が国のこれまでの教育実践の蓄積に基づく授業改善の活性化により、子供たちの知識の理解の質の向上を図り、これからの時代に求められる資質・能力を育んでいくことが重要。小・中学校においては、これまでと全く異なる指導方法を導入しなければならないと浮足立つ必要はなく、これまでの教育実践の蓄積を若手教員にしっかりと引継ぎつつ、授業を工夫・改善する必要」とあります。藤の木小学校の実践は、今までの授業実践の上に少しずつ新しいテーマを加えていき、若手の教員にも今までの蓄積を伝えていくシステムが構築されているので研究の継続が上手くいっていると感じました。

5．授業過程と学習過程の柔軟性

　授業過程と学習過程は、一体化したものです。教師と子ども間、子ども同士の意見のや

り取りにより質が高まっていくと考えます。目の前の子どもの状況により学習過程は、修正していかなければなりません。授業の型は、授業を安定させるために有効です。しかし、型を身につけた後は、子どもたちの状況に合わせて型を随時修正して授業を進めていくことが大切だと思います。初任のころ先輩から型を身につけてそれを自分なりに崩していくことの大切さを教えられました。

　藤の木小学校の授業を見ていても、学習過程の研究はされていますが、授業自体は、子どもの実態に合わせて修正されているように感じました。それが、学習過程は、あくまで方法でそれをこなすことが目的になってしまっていない理由だと感じました。

第2章

鍛える　−学習規律・ICT 活用スキル・かくスキル

　本校では、タブレット PC 導入当初から、新たな道具をきまりを守って大切に使えるようにと、全校で生活規律や学習規律を鍛え、タブレット PC を上手に使いこなせるようにと、ICT 活用スキルを鍛えてきました。

　そして、かく活動を授業に取り入れ始めた時、いざかこうとしても、なかなかかくことができないという状況から、かくことも鍛えていく必要があると気づき、「身につけよう　かくスキル 11」を作り、鍛えています。

1. 藤の木スタンダードの実践 ～生活規律・学習規律を鍛える～

平成22年度から総務省「フューチャースクール推進事業実証校」、平成23年度から「学びのイノベーション事業実証研究校」として、一人1台のタブレットPCを活用するにあたり、教職員全員で取り組むこと、どの教職員も同じように指導すること、タブレットPCの使い方だけでなく、学習を支える生活規律や学習規律も同じように指導することで、ICTを活用した学習の基盤を確かなものにしようと取り組んできました。

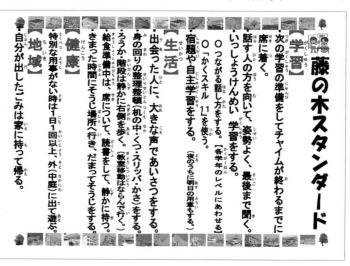

そこで、全教職員で「藤の木スタンダード」の内容を定め、全校で統一した指導を徹底しています。毎年度末には、児童の実態に沿うよう、各部で内容を再検討しています。

教師もチェック

児童は月末の金曜日の朝の会の時間に、「スタンダードチェックシート」で、「藤の木スタンダード」にしっかり取り組めたかどうか毎月自己評価をします。前月との比較をしながら、自分自身を振り返っています。

平成28年度からは、教師も「藤の木スタンダード」の指導や児童の状況を評価するようにしました。児童の振り返りの結果と比較して、指導方法の工夫改善を図っています。

児童と教師の評価の結果は、学校評価の指標の一つとし、学校協力者会議で報告しています。

●藤の木スタンダード11

1 【学習】次の学習の準備をして、チャイムが終わるまでに席に着く。

　時間を大切にすることは学習や生活すべてにおいての基本となります。大休憩・昼休憩後のチャイムは特に気をつけて守っています。油断をするとすぐに乱れてしまうので、常に声をかけながら生活を送っています。児童が、児童朝会で委員会活動として、劇で全校児童に啓発することもしています。

2 【学習】話す人の方を向いて、姿勢よく、最後まで聞く。

　聞くことは学びのスタート、相手への思いやりという心構えで、入学当初から丁寧に指導しています。1年生では、「ピン　ピタ　グー」を合言葉に、鍛えています。

3 【学習】いっしょうけんめい　学習をする。

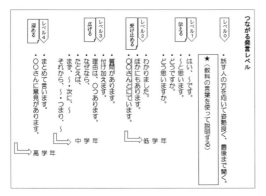

　授業を行うにあたって、学習に役立つ型を児童に示し、身につけるようにしています。左表の「つながる発言レベル」は、平成22年度から継続して取り組んでいる、コミュニケーションスキルの型です。タブレットPCが協働学習の充実を目的に導入されたことを背景としています。これに基づいて各学年のレベルに応じた発言の仕方を指導するとともに「教科の言葉を使って説明する」ようになることを目標としています。

　平成29年度からは、「身につけよう　かくスキル11」を定め、取り組んでいます。（詳細は49p）

4 【学習】宿題や自主学習をする。

　学習習慣の定着のために、「家庭学習のてびき」を作成し、学校と家庭で連携して取り組んでいます。家庭学習の時間の目安を「学年×10分＋10分」とし、めあてを決めて挑

戦しています。まずは、宿題をきちんとやりきることを目標とします。宿題が早く終わった児童には、自主学習に取り組むよう、その方法も示しています。

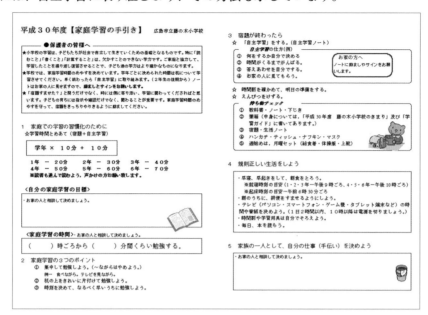

5　【生活】出会った人に、大きな声であいさつをする。

　あいさつは全ての人間関係の基盤です。子供たちも、クラス毎にあいさつ当番を行っています。保護者の方々や、地域の見守りの方々も毎日子供たちに声をかけてくださっています。

6　【生活】身の回りの整理整頓をする。

　靴箱の運動靴、ロッカーのランドセル、トイレのスリッパ、教室移動の後の机・椅子、身体測定のために脱いだ上靴など、どんな場面でも意識して整理整頓できるよう、指導しています。

7 【生活】ろうか、階段は静かに右側を歩く。

「右側通行」「右側を歩こう」の表示をして以来、校舎内で子供たちがぶつかる、休憩時間に走って怪我をするということもなくなりました。特別教室への移動も、クラスで並んで移動しています。

8 【生活】給食準備中は、席について、読書をして、静かに待つ。

できるだけ短時間で準備をするための項目です。それにより、喫食時間を確保し、残さず食べるよう指導しています。地域の学校給食センターと連携し、毎日の残食率がわかる

「給食の木」の取組や、給食委員会が給食時間中に各クラスを回り、食缶が空っぽだったクラスには、オリジナルキャラクター「ペロリン」を貼るというような取組を行っています。

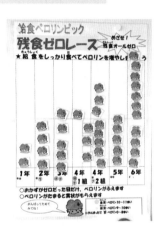

9 【生活】きまった時間にそうじ場所へ行き、だまってそうじをする。

そうじ時間は、教職員全員で指導します。だまってそうじができるよう、そうじ中の音楽はなく、静かな中で黙々とそうじに取り組めるようにしていま

す。平成29年度からは、そうじ後の反省会で活用するカードを作り、時間いっぱいだまってできたかどうか、振り返りを行っています。

10 【健康】1日1回以上外に出て遊ぶ。

体力アップのための項目です。毎週火曜日は、そうじ時間をとらず、45分間のロング昼休憩を行っています。担任も一緒にクラス全員で遊ぶ時間です。また、体力アップのた

めの重点的な取組をロング昼休憩を利用して行うこともあります。本校児童は、新体力テストで握力の結果が思わしくなかったので、ここ数年、握力向上に重点を置いた「握力アップ週間」を年に2回実施しています。

これは、うんてい・のぼり棒・鉄棒などを使った握力を鍛える運動を設定し、それらにチャレンジしていく取組です。チャレンジカードには、「握力アップカード」→「超握力アップカード」→「鉄人握力アップカード」と3段階あります。それぞれの課題をクリアした場合、または5回チャレンジした場合に、その場にいる担当の先生にシールを貼ってもらいます。全ての運動にシールを貼ることができれば、そのカードと交換で、次のカードに進むことができます。子供たちも意欲的に挑戦し、ほとんどの学年が、握力の全国平均を上回る結果となりました。

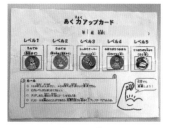
あく力アップカード

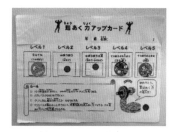
超あく力アップカード

鉄人あく力アップカード

11 【地域】自分が出したごみは家に持って帰る。

平成29年度から加わった項目です。4年生が総合的な学習の時間で、「きれいな藤の木」をテーマに公園などのゴミについて調べ学習を行い、自分が出したゴミは自分で持ち帰ることが大切だと、下学年にプレゼンテーションしたことがきっかけとなりました。

年に1回、小中連携「里帰り交流学習」として、4年生児童、三和中学校2年生・保護者、藤の木学区青少年健全育成連絡協議会・藤の木学区社会福祉協議会・藤の木学区女性会・藤の木公民館など地域の方々と地域の清掃活動を行っています。子供たちが作成したポスターを掲載した横断幕も地域の公園に掲げられています。

また、小中連携の取組として、小中9年間の取組を繋ぐ、生活ガイド（左上）・学習ガイド（右下）を作成し、毎年度当初に保護者、地域の方々に配布しています。

小・中学校9年間　生活ガイド

		げんきよく 第1・2学年	はっきりと 第3・4学年	心をこめて 第5・6学年	中学校
けじめのある生活	時間を守る	・登校時こくを守ることができる。（7時50分～8時10分の間に学校に着き、学習の準備をする。）			・8時20分校門通過、25分着席することができる。
		・じゅぎょうの始まりを守る。		・授業や活動の始まる時こくを守ることができる。	・着ベルを守ることができる。
	整理整頓	・くつばこのはしにくつのかかとをそろえて入れることができる。			・カバンを決められた場所に置くことができる。
		・次の人のためにぬいだトイレのスリッパをそろえることができる。			
		・かさを丸めてとめることができる。			
		・つくえやロッカーのせいりせいとんができる。	・つくえ、ロッカーの整理整とんや協力して教室内の整理ができる。		・机、ロッカーの整理整頓ができる。
礼儀正しく人と接する	あいさつ	・朝：「おはようございます」昼：「こんにちは」帰り：「さようなら」			・気づいたときに、自分からあいさつできる。
		・自分から、目をあわせて、大きな声であいさつができる。			
	返事	・なまえをよばれたら「はい」とはっきり返事ができる。	・言われたことに「はい」と返事ができる。		・名前を呼ばれた時や言われたりしたとき「はい」と返事ができる。
	話	・「です、ます」をはっきりと言う。		・ていねいな言葉や敬語を使うことができる。	・時と場に応じていねいな言葉や敬語を使うことができる。
	言葉	・「ありがとう、ごめんなさい」がすなおに言える。	・「ありがとうございます」「すみません」「ごめんなさい」など、場に応じて言える。	・相手の気持ちを考えた、やさしい言葉づかいができる。	
生活のきまりを守る	朝会	・だまってあつまり、目を見てきくことができる。	・だまって集まり、目を見てしっかりと聞く。	・だまって集まり、目を見て考えて聞くことができる。	・人の集まるところでは、話をする人の方に向いて聞き、集団の場にふさわしい態度をとることができる。
	そうじ	・だまってそうじができる。（必要なことは伝え合う。）			・自らすすんで掃除にすることができる。
		・ようぐ（ぼうき、ぞうきん）を正しくつかえる。	・自分のたんとうの場所をきれいにそうじができる。	・進んでそうじをきれいにすることができる。	
	服装	・学習にふさわしい身なり（服装・髪型）をととのえる。防寒着は教室内では着ないようにする。フードは学校内はとる。（室下校中もふくむ。）			・自らルールを守り、学校生活にふさわしい身だしなみを整えることができる。
健康・安全	健康	・特別な用事がない時は1日1回以上、外（中庭）に出て遊ぶ。			・自分からすすんで体力の向上に努めることができる。
		・ハンカチ、ティッシュを用意する。			・体力テストの結果から自己の体力の現状を知り、自分の足りない部分（体力要素）を知って鍛えることができる。
	安全	・ろうか・階段は静かに右側を歩く。（教室移動はならんで行く。）			
給食		・好き嫌いをせず、のこさず給食を食べる。			・毎日規則正しく食事をとる。残さず給食を食べる。
		・給食当番はマスクをして給食エプロンをつける。			・給食放送にしたがい、献立の食材を知り、中学生の時期に必要な栄養について理解する。
		・給食中はナフキンをしき、席について読書をして静かにまつ。			

小・中学校9年間　学習ガイド

		家の人と協力して 第1・2学年	友達から学んで 第3・4学年	自分から進んで 第5・6学年	自分の特長を生かして 中学校
準備	家	・夜のうちに家の人といっしょに学習のようすをみる。	・夜のうちに自分で時間わりをかくにんし、学習用具を準備する。	・宿題や提出物をかくにんし、学習用具を準備する。	・宿題や提出物を決められた日に確実に提出する。
	授業前	・つぎの時間のじゅんびをして、休みじかんにする。	・授業の内容を確認し、準備をしてはみ出しておく。	・授業の内容を確認し、準備をしてはみ出しておく。	・授業の準備をして、次の時間の学習内容を確認する。
		・がくしゅうがはじまるまでに本をよんでまつ	・授業開始まで本を読むか復習して待つ	・授業開始まで本を読むか復習して待つ	
	着席	・チャイムがなり終わるまでに席につく（ベル着）。	・時間を確認し、チャイムがある前に席に着く努力をする。（着ベル）	・時間を確認し、チャイムがある前に席に着く。	・時間を確認し、チャイムが鳴る前に着席する。（着ベル）
		・席を離れるときはいすを入れる。	・席を離れる時はいすを入れる。	・席を離れる時はいすを入れる。	
	あいさつ	・始め「よろしくおねがいします」でしせいを正し、これからの学習を始めよう（日直が授業者に向く）「れい」で「おねがいします」のあいさつ	・始め「しせいをただしましょう」でしせいを正し「これからの時間目の学習を始めます」（日直が授業者に向く）「れい」で「おねがいします」のあいさつ	・始め「しせいをただしましょう」でしせいを正し、「これから◯時間目の学習を始めます」（日直が授業者に向く）「れい」で「おねがいします」のあいさつ	・「お願いします」「ありがとうございました」のあいさつを正しくする。
	授業前後	・終わり「よいしせいをしましょう」でしせいを正し「これで◯時間目の学習を終わります」（日直が授業者に向く）「れい」で「ありがとうございました。」のあいさつ	・終わり「しせいをただしましょう」でしせいを正し「これで◯時間目の学習を終わります」（日直が授業者に向く）「れい」で「ありがとうございました。」のあいさつ		
聞き方・話し方	聞き方	・話す人の方を向いて、姿勢よく、最後まで聞く。			・うなずくなどの反応をする
	挙手	・だまって手をあげ、よばれたら「はい」と返事をする。			・必要に応じメモをとる
		・人が話しおわって手をあげる。			
	発表	・「～です、ます」	・話し方レベル3まで	・話し方レベル4まで	・話す内容を整理し、項目立てて話をすることができる。
		・話し方レベル2までできる「わかりました。」「ほかにもあります」「◯◯さんとにています」	・「質問があります。」「まとめます。」「付け加えます。」「◯◯さんに意見があります」「理由は◯つあります」	・「まとめます。」「◯◯さんに意見があります」「教科の言葉を使って説明する。」	
				・「なぜなら」「たとえば」「まず」「次に」「それから」「つまり」	
書き方	ノート	・しせいよく、ていねいなもじで、黒板に書いてあることを正しくうつす。	・正しい姿勢で、ていねいに書き、大事なところには色をしたりする。	・正しい姿勢で、ていねいに書き、自分なりに工夫してノートにする。	・板書だけでなく、聞き取ることなど学習のポイントになる内容を書き込む。
		・したじきをしく。	・下敷きをしく。	・下敷きをしく。	
家庭学習	家庭学習	・しゅくだいをわすれない。1年生…20分以上 2年生…30分以上	・宿題を忘れない。3年生…40分以上 4年生…50分以上	・宿題を忘れない。5年生…60分以上 6年生…70分以上	・宿題や課題を確実に行う
	自主学習	・自分で内容を決めて学習を始める。自主学習を始める（2年生から）	・自分で内容を決め、自分から進んだ自主学習をする。	・目標をもって、自分の計画を立てて自主学習をする。	・中1…90分 ・中2…（1時間30分）105分 ・中3…（1時間45分）120分（2時間）
学習用具	共通	・学習に必要なものは持ってこない。			
		・筆箱はカンペンでないもの。シャープペンシルは禁止。			
		・えんぴつは削ってくる。			
		・忘れ物をしない。			
	筆箱の中	えんぴつ2B（4・5本）えんぴつ1本 消しゴム 15cmくらいの定規 名前ペン	えんぴつBか2B（5本）赤えんぴつか赤ボールペン1本 消しゴム カラーペン3本（赤ボールペン含む）名前ペン 15cmくらいの定規	えんぴつBか2B（5本）赤えんぴつか赤ボールペン1本 消しゴム カラーペン3本（赤ボールペン音含む）名前ペン 15cmくらいの定規	えんぴつBか2B（5本）赤えんぴつか赤ボールペン1本 消しゴム カラーペン3本（赤・ボールペン含む）名前ペン 15cmくらいの定規

ICT 活用による授業改善

　平成22年度にスタートしたICT活用による授業改善によって、ICTを活用した日常的な授業のモデルは、平成27年度にはほぼ完成をみたと考えます。もちろん、指導技術をしっかり身に付けたベテラン教員によるところが大きいのですが、本校に赴任した若手教員は、そのICT活用が当たり前の授業をモデルに、教員として学び始めることができました。

　また、藤の木小学校は、全国各地からの視察の多い学校です。実際の授業を見ていただく前にお見せするのが、ベテラン教員によるICTを活用した授業のダイジェスト版でした。ベテラン教員が日常行う授業をパワーポイントでまとめたものです。

　大まかな流れは以下の通りです。

<導入>
フラッシュ教材による既習事項の復習を行う。
<問題提示>
電子黒板に本時の問題場面を示し、課題を明確にする。
<めあての確認>
黒板に本時のめあてを書き、全体で確かめる。
<自力解決>
タブレットPCで本時の問題を解き、各自ノートに考えを書く。
<集団解決1>
タブレットPCの画面を見せ合いながら、グループで各自の考えを説明し合う。
<集団解決2>
タブレットPCの画面を**電子黒板**に映し出し、個人の考え全体で共有する。同時に、出された考えを板書で整理する。
<まとめ>
めあてに対するまとめを、各自ノートに書き、全体で確認する。
<適用問題>
フラッシュ教材で本時の内容を確認したり、教科書の練習問題を解いたりする。

（小数を）分数で言いましょう

書いたことをもとに発表しましょう。
児童の
TPC画面

きょうの学習を算数の言葉でまとめましょう。

　45分間で、8〜9の学習活動をスムーズに行うことができるのは、ICT活用によって、教材を配ったり集めたりする必要がない、児童が発表のためにノートに書いたことをホワイトボードなどに大きく書き直す必要がないなど、時間の効率化が図られるからです。また、使用した教材はデジタル保存しているので、いつでも誰でも使うことができ、教材準備の時間が短縮されます。一方で、よい授業ができるようになるのに20年も30年もかからないようにしたい、そのために何が必要か考えました。質の高い校内研修はもちろんですが、児童が学習者として自立するための仕組をつくること、その手がかりが「藤の木スタンダード」や「身につけよう　かくスキル11」なのです。第4章の「授業改善から学習改善へ」には、そのような意図があります。

2. 身につけよう　ICT活用スキル

● ICT活用年間指導計画

　平成22年秋に一人1台タブレットPC環境が整ってから、学年に応じて段階的にICT活用スキルを鍛えるための計画を立て、指導しています。情報活用能力と関連させた計画で、最終段階の6年生では、大人と同じように使いこなせることを目標としています。

	基本的な操作	情報収集、整理・分析	まとめ・表現
6年	・レイヤー機能の使用（ジャストスマイル） ・文章作成ソフトの使用（ワード） ・表計算ソフトの使用（エクセル） ・プレゼンテーションソフトの使用（パワーポイント）	・自分で情報手段を選択して情報を収集・比較・整理・関連付けをする。	・レイヤー機能を使用する。 ・文章作成ソフトを使用する。 ・プレゼンテーションソフトでアニメーションを付け発表する。 ・動画を作成する。
5年	・ファイル、フォルダ、ドライブなどの操作 ・表計算ソフトの使用（ジャストスマイル）	・情報を収集・比較・整理する。 ・自分で情報手段を選択して情報を収集する。 ・表計算ソフトで表やグラフを作成する。	・プレゼンテーションソフトでアニメーションを作成する。 ・目的に応じて画像を編集する。 ・目的に応じてフォントを編集する。
4年	・文章のローマ字入力 ・画像のコピー＆ペースト ・インターネットの閲覧・検索 ・写真データの取り込み ・文章作成ソフトの使用（ジャストスマイル） ・プレゼンテーションソフトの使用（ジャストスマイル）	・必要な情報のメモを取る。 ・必要な情報を写し取る。 ・インターネットで検索する。	・プレゼンテーションソフトを用いて発表する。 ・目的に応じて画像のコピーや貼り付けを行う。 ・目的に応じて文字のフォントを変更する。
3年	・ローマ字入力（タッチタイピング） ・インターネットの閲覧	・デジタル資料集から情報を収集する。 ・リンク集を用いて情報を収集する。	・目的に応じて文字の大きさを変更する。 ・目的に応じて文字の色を変更する。 ・意図に応じて写真の撮り方を工夫する。
2年	・画像の大きさの変更 ・画像位置の移動 ・クリックパレットでの入力 ・画面の大きさの変更 ・デジタルカメラの使用	・デジタル教材への書き込みをする。 ・デジタル教材から情報を収集する。 ・画像を選択する。 ・画像の位置を移動させる。	・目的に応じて画像の大きさを変更する。 ・目的に応じて画像の位置を変更する。
1年	・コンピュータの起動・終了 ・ペンの使用 ・アプリケーションの起動・終了 ・ファイルの保存	・デジタル教材への線引きをする。 ・画像の選択をする。	・電子黒板を用いて発表する。 ・実物投影機を用いて発表する。 ・コンピュータの画面を見せながら交流する。

●各学年の ICT スキル活用の実際

ICT 活用年間指導計画に基づいた指導は、計画を熟知している ICT 支援員と担任が連携して行います。特に基本的な操作の指導は、ICT 支援員がリードして行います。子供たちは身につけたスキルを活用して、様々な活動を行っていきます。

第1学年の様子

1年生は、初めてタブレット PC を使用するので、タブレットの開き方や操作上の名称、操作技術をしっかり覚えていきます。スタイラスペンの持ち方の指導を丁寧に行い、図形などのオブジェクト操作、ペン機能、消しゴム機能の使い方を練習しました。

そのスキルを生かして、授業で写真や図形の選択や教材への線引きなどの書き込みを行いました。タブレット PC や電子黒板、実物投影機を用いて、ペアや班で自分の考えを伝

基本的な操作	情報収集・整理・分析	まとめ・表現

・手書きドリルで丁寧に字を書く練習

・電子黒板に書き込む様子（自作教材）

・かいた絵を見せ合う様子

・お絵かきソフトでドラック練習

・E ライブラリーソフトで問題をとく

・児童が作った旋律を電子黒板に提示し演奏している様子

・ペンの持ち方・操作練習（自作教材）

・友達の作品に感想を書いている様子(図工)

・情報モラル検定

えたり、学級全体に発表を行ったりしました。

　また、ICT を活用するにあたって、安全や健康への配慮やルール・マナーを学ぶため、情報モラル学習やモラル検定を行っています。

第 2 学年の様子

　2 年生では、タブレット PC の使い方を学びつつ、簡単な文字入力の方法や、デジタルカメラや新しいソフトウェアの操作方法を新たに学びます。1 年生と同じく、授業で写真や図形の選択、教材への線引きなどの書き込みを行いました。

　タブレット PC や電子黒板、実物投影機を使って、より伝わりやすい発表を意識するような指導も行いました。

　情報モラル学習では、個人情報について学習し、モラル検定を行っています。

基本的な操作	情報収集・整理・分析	まとめ・表現

・文字パレットの操作説明シート

・町探検で調べたことを記録する様子（生活）

・作ったリズムを班で共有（音楽）

・算数の授業でのカメラ使用の様子

・デジタル教材に書き込む様子（国語）

・電子黒板で発表している様子（算数）

・電子黒板の操作の様子

・タブレット PC で回答

・タブレット PC を見ながら折り紙を折る

第3学年の様子

　3年生では、簡単なインターネットの使用や、ローマ字学習に合わせたキーボードでのタッチタイピングを練習します。より正確なタイピングの技術を身につけさせるため、自作教材や文字入力ソフトを活用しています。

　情報収集に役立つスキルを数多く体験し始めるのが3年生です。SDカードを使用しての写真取り込み、自作の資料集・教材の活用、校内で用意した各情報サイトへのリンク集へのアクセスも行います。タブレットPCを使って調べた内容を整理し、目的に応じた発表資料などを作成するのも3年生です。

　情報モラルの学習では、インターネットの危険性や著作権などについて学び、モラル検定を行っています。

基本的な操作	情報収集・整理・分析	まとめ・表現

・SDカードの取扱い方

・漢字のへんとつくりを組み合わせている様子（自作教材）（国語）

・目的に応じて文字の大きさを変更している様子（国語）

・タッチタイピング練習（入力する指を示した自作教材）

・お店の特徴を調べている様子（自作デジタル資料集）（社会）

・図工で写真の撮り方を工夫している様子

・SDカードをカードスロットに入れる様子

・学んだことをデジタルワークシートに書いている様子（道徳）

・班でまとめたことをプレゼンテーションしている様子（総合的な学習の時間）

第４学年の様子

　４年生では、社会科などの調べ学習においてインターネットを活用します。また、タッチタイピングでは正確さに加え、速さも重視し、文章入力をしながら様々な作品を作成します。また、キーボード練習ソフト「キーボード島アドベンチャー」に登録し、使い方を説明した後は、隙間の時間を利用して、挑戦しています。

　インターネット検索では、校内で用意した各情報サイトへのリンク集をフル活用します。総合的な学習の時間で、地域に出かけて調べた内容を整理し、表計算ソフトで表やグラフをを使用してプレゼンテーション資料を作成し、下学年に学習内容を発表したりし始めるのも、４年生です。

　情報モラル学習では、個人情報に加え、携帯情報端末の使い方、ネット上で知り合った人との約束の危険性などについて学習し、モラル検定を行っています。

基本的な操作	情報収集・整理・分析	まとめ・表現

・グラフの作り方の操作説明シート

・理科関連校内リンク集

・班で発表の打ち合わせをしている様子

・キーボード島でタッチタイピング練習
をしている様子

・グラフ作りをしている様子
（総合的な学習の時間）

・新聞作りでフォントの変更をしている
様子（国語）

・自己紹介カードを作っている様子

・辞典で調べて慣用句を作っている様子
（国語）

・下学年にプレゼンテーションしている
様子（総合的な学習の時間）

第5学年の様子

　5年生では、ファイル管理を行うための操作技術としてフォルダーの新規作成やファイルの操作、記憶媒体について学び、ICTに関する知識を増やします。また、4年生に続き、コマコマアニメーションや、リーフレットなど様々な作品を作成しています。

　また、雨の日などの休み時間を利用して、「キーボー島アドベンチャー」にも挑戦します。

　校内で用意した各情報サイトへのリンク集へのアクセスはもちろん、教員の管理の下、検索エンジンを活用した、調べ学習にも挑戦します。

　各教科での電子黒板やタブレットPCの活用頻度は多くなり、ICT機器の操作にはかなり慣れてくるのが5年生です。

　情報モラル学習では、電子メディアとのつき合い方、ネットワークの公共性などを学び、モラル検定を行っています。

| 基本的な操作 | 情報収集・整理・分析 | まとめ・表現 |

・アニメーション作りの説明シート（図工）

・リーフレットづくりをしている様子（国語）

・どんなクラスにするか意見を出し合っている様子（学級活動）

・校内リンク集

・インターネットで台風を調べている様子（理科）

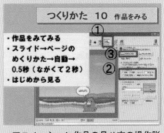

・アニメーション作品の見せ方の操作説明シート（図工）

・30枚のスライドでアニメーションを作成している様子（図工）

・デジタル資料集で土地の様子を調べている様子（社会）

・授業支援システムの「発表」の機能を使って発表している様子（総合的な学習の時間）

第6学年の様子

　6年生では、小学校最後の集大成としてジャストスマイルを使用しての作品づくりに加え、Microsoft 製ソフト（Word・Excel・PowerPoint・ペイント）の操作方法を学びます。5年生の時と同様に自分のファイル管理もします。

　インターネットでの学習や、自作のデジタル教材等を活用しての、情報収集・整理・分析の質を高めていくのが6年生です。

　また、6年間で身につけてきたスキルを活用して　学校紹介や修学旅行の紹介など高度な発表資料を作成し、公開研究会や、公民館で発表したり、下学年に紹介したりします。

　情報モラル学習では、ネットいじめ、メール依存症など学び、モラル検定を行っています。

| 基本的な操作 | 情報収集・整理・分析 | まとめ・表現 |

・レイヤー機能で校舎の絵を描いている様子（図工）

・自作教材で活動している様子（英語）

・地域の公民館で学校紹介をしている様子

・自己紹介カードを作成している様子（総合的な学習の時間）

・PowerPoint で学校紹介発表資料を作っている様子（国語）

・ビデオにナレーションを入れている様子（言語・数理運用科）

PowerPointについて

- 1枚1枚のスライドに紙しばいのように物語のストーリーをもたせる。
- 口で説明するだけでなく、スライドをみてもらいながら話ができるのでよりわかりやすい。
- 文字の大きさは28ポイント以上で作成する。
- 写真・表やアニメーションや動画も入れることができる。

・PowerPoint での発表資料作成の手順・注意事項の説明シート

・自作教材で、角柱・円柱の体積を計算している様子（算数）

・タブレット PC を見せ合い、班で意見を交流している様子（社会）

●タブレットPCを使った作品集

　ICT活用年間指導計画に基づいた指導を通して、子供たちが身につけたスキルを活用して製作した作品を紹介します。各教科等での学習の成果物として、プリントアウトして掲示したり、発表会等でプレゼンテーションをしたりしています。

第1学年

【図工】「うんどうかいの おもいでを えに」

【生活科】「あたらしい1年生に学校のことをおしえよう」

第2学年

【図工】「未来にそうぞうをふくらませよう ―みらいの地図づくり」

【生活科】「町の人となかよくなろう（絵手紙）」
※地域の敬老のつどいで掲示

【生活科】
「町探検のまとめ―みつけたものをふりかえろう」
※児童が見つけたものを撮影して取り込みました。

【学級活動】
「新年の目標をたてよう」

【図工】「カラフルフレンド　カードづくり」
　「友だち」に名前をつけて、その友だちが好きな場所で写真を撮影し、写真を取り込んで、説明カードを作成しました。

【学級活動】新年度の目標カードづくり
　小さな「わたし」の目線になって、お気に入りの場所で写真を撮影した後、その写真に自分の写真を取り込んで、吹き出しに目標を書き込みました。

＊《参考資料》国際理解に役立つ世界の衣食住世界の学校（小峰書店）

【総合的な学習の時間】「世界の文化を紹介しよう」
　世界の様々な国について、グループで調べる国を決めて、インターネットで検索するなどして調べ、まとめました。

【道徳】平和新聞づくり
被爆体験継承者の方の話を聞いたり、授業で学習したりしたことをもとに、まとめとして新聞を作りました。

【国語】読書新聞づくり
国語「ごんぎつね」の学習感想を、新聞としてまとめました。タッチタイピング練習の機会としました。

【総合的な学習の時間】
ポスターづくり
「藤の木をきれいに」をテーマにポスターを作り、地域に掲示しています。

【総合的な学習の時間】
暑中見舞葉書作り
日ごろ会えない人に出す暑中見舞葉書を作りました。

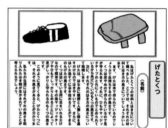

【国語】学習レポート作り
「くらしの中の和と洋」を学習した後、自分で比べるものを決めて、インターネットや本で調べるなどして、レポートを作ります。タッチタイピング練習の機会としました。

【総合的な学習の時間】発表資料づくり
「藤の木をきれいに」をテーマに学習したことを、班で PowerPoint 資料としてまとめました。まず、個人で数ページ作成し、班で繋ぎ合わせました。完成後は、３年生にプレゼンテーションしました。

【言語・数理運用科】
「広島ブランドのよさを PR しよう」

　広島ブランド 70 品目を写真やパンフレットで学習し、お気に入りの商品の特徴を生かした川柳を作りました。自分のフォルダに保存しました。

【言語・数理運用科】
「未来の給食を考えよう！」

　給食の歴史について学んだ後、未来の給食を考え、説明カードを作り発表しました。

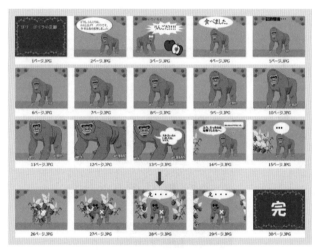

【図工】コマコマアニメーションづくり

　PowerPoint で作ったスライドの図を少しずつ動かすことで、パラパラ漫画ができる仕組みを知り、30 枚のスライドで、音や吹き出しを挿入してアニメーションを作ります。全員の作品をクラスで鑑賞し、感想を書き合いました。

【総合的な学習の時間】
「野外活動の川柳をつくろう」

　野外活動を振り返り、体験を川柳で表現しました。

【国語】リーフレットづくり

　委員会活動について紹介するリーフレットを作ります。下学年にわかるように、文の構成や挿入する絵や写真を工夫しました。実際に 4 年生に紹介に行きました。

【図工】「校舎の絵をかこう」
　レイヤー機能を活用して、校舎の写真を見ながら校舎の絵を描きました。

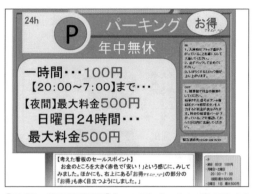

【言語・数理運用科】「100円パーキングの秘密」
　100円パーキングの看板の情報から、製作者の意図や工夫について考えた後、自分なりの看板を作りました。

【総合的な学習の時間】平和新聞づくり
　平和公園見学での語り部の方の話、公園の様子、訪れていた外国人へのインタビュー等の内容で、構成を工夫しながら新聞を作りました。

【社会科】歴史新聞づくり
　社会科での歴史学習を終えて、学習のまとめとして、お気に入りの時代を紹介する新聞を作りました。

【言語・数理運用科】「広島お好み焼き物語」
　「お好み焼き物語」の学習のまとめとして、お好み焼きのよさを広報するナレーション付きのビデオクリップを作成しました。

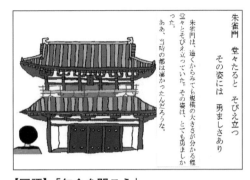

【国語】「句会を聞こう」
　短歌の学習の後、修学旅行を題材にした短歌を作り、1枚のシートにまとめました。

修学旅行DVD.wmv

【言語・数理運用科】「自分の考えや意見をまとめよう」
　修学旅行の思い出を、動画編集機能を使ってまとめました。修学旅行で撮影した写真や動画を、1分30秒のビデオに編集しました。また、PPを使って、5年生に修学旅行を紹介するプレゼンテーション資料も作りました。

【国語】「町の幸福論」（地域にむけて学校紹介をしよう）
　藤の木の町のよさについて考えた後、地域の方々に学校のよさを伝えるために、構成を工夫して、プレゼンテーション資料を作りました。スライドにはナレーションを挿入しました。公開研究会や、公民館祭りで発表しました。

● ICT 活用イベント
（1）タブレット開き　全学年

　「タブレット開き」とは、全ての子供たちがタブレット PC を正しく使えるように、毎年度初めに全学級で行っている、タブレット PC の出し方、開き方、片付け方など、校内で統一している使い方のルールを学び直すための指導です。低学年用、高学年用の指導資料を電子黒板で提示しながら、指導します。

1　タブレット PC は学習道具

　タブレット PC は、子供たちにとって、とても魅力的な道具です。しかし、使い方を一歩間違えると、遊び道具や危険な道具になりかねません。そこで、タブレット PC を使う前には、「タブレット PC は学習で使う大事な道具であること」を伝えています。また、いつもの授業の時と同様に、「先生の指示で、使い始めること。『やめましょう。ペンを置きましょう。』と言われたら、途中でもちゃんとやめること。」などの心構えについても、しっかり指導します。

2　タブレット PC の保管

　タブレット PC は、教室にある保管庫で充電しながら保管します。自分のタブレット PC は自分で出し入れします。1 年生で配布されたものを 6 年間大切に使い続けます。

3　タブレット PC の置き方

　原則、机の中央に置くように指導しています。タブレット PC の下に紙やノートがあると、タブレット PC がすべりやすくなってしまうので、下には何も置かないよう指導しています。中学年になってノートと一緒に使うようになると、タブレット PC とノートの両方を工夫して置いている様子が見られます。

②パソコンのおきかた

① つくえのうえにおきます。

ちゅうい
☆パソコンのしたにかみやノートをおきません。
☆パソコンがつくえからはみださないようにしましょう。
☆ペンでキーボードのボタンをおしません。

4　タブレット PC の開き方

　タブレット PC の画面を開くと「パソコン型」、ラッチをたおして、画面を 180 度回して閉じると「タブレット型」になります。タブレット PC は、タッチパネル

式になっています。指を使うのではなく、ペンを使ってタッチ操作をするよう指導しています。

　タブレット PC の使い方のきまりを理解して、正しくタブレット PC を扱えるようになったら、達人認定証（左図）を児童一人ひとりに渡しています。このタブレット開きを毎年スタート時にどの学年に

1年1組1番

なまえ

も指導して使い始めることで、導入以来 8 年間ほとんど壊れることなく、8 年以上も継続して使うことができているのではないかと思います。

5　タブレット開きのための指導資料

　タブレット開きの指導をする際に、児童に提示しているパワーポイント資料（低学年用）です。

ペンのつかいかた

③ ペンをとりだすときは、ひものねもとをもちます。

④ ゆっくりひっぱって、ぬきます。

パソコンのおきかた

① つくえのうえにおきます。

ちゅうい
☆パソコンのしたにかみやノートをおきません。
☆パソコンがつくえからはみださないようにしましょう。
☆ペンでキーボードのボタンをおしません。

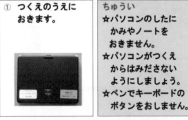

パソコンのあけかた

① しろいボタンをおして、りょうてでパソコンのがめんをもちあげます。

② がめんのうえについているラッチをみぎにたおします。

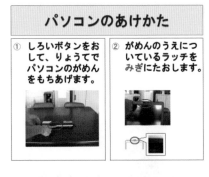

パソコンのはじめかた

① がめんみぎしたのボタンをみぎにうごかします。
（あおランプ）

② がめんをりょうてでゆっくりひだり（みぎ）にまわします。

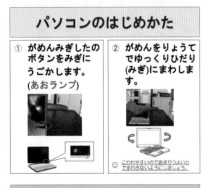

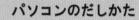
こわれやすいのであまりつよい力でまわさないようにしましょう。

パソコンのつかいかた

① そのままゆっくりがめんをたおします。

② がめんをしっかりとじましょう。

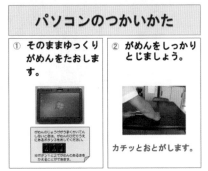

カチッとおとがします。

パソコンのだしかた

① パソコンからケーブルをはずします。

② りょうてでしっかりもちます。

(2)キーボード選手権 　第3．4．5．6学年

　キーボード選手権は、日頃鍛えている、タッチタイピングの力を発揮する場として、年3回行っているイベントです。平成23年度から継続して行っています。参加児童には記録証を発行し、全校朝会で表彰します。

　「ばんばんバーン」というゲームソフトを使います。飛んでくる隕石の前面にある単語を正しく入力すれば、隕石が破壊されるもので、1分間に何単語入力できたか、その数を競います。1回目と2回目は、大休憩の時間に、多目的教室で行います。自由参加とし、エントリーした児童は、1度練習をした後、チャレンジします。4年生以上が参加できますが、多くの低学年児童が参観にやってきます。

　3回目は、体育館で、児童朝会を利用して行います。12月に行うので、キーボード入力を学習した3年生も参加します。3年生は別のソフトを使い、1分間で何文字入力できるかを競います。あらかじめ各学級で代表児童2名を決めておきます。3年生から順番にチャレンジします。終わったときには、大きな拍手と歓声が湧きあがります。一緒に指を動かしながら見ている児童もいます。

　平成28年度からは、頑張っている子供たちの姿を地域の方々にも見てもらおうと、3月に6年生児童対象のキーボード選手権ファイナルを開催し、地域の方々に参加していただいています。合わせて、子供たちと一緒に情報モラルについて学ぶ機会としています。

キーボード入力スキルを計画的に指導していることにより、年々スキルが身についてきました。それにより、タッチタイピングに興味をもつ児童が増え、キーボード選手権への参加人数も、増えてきています。参加児童の中には1分間に40単語（1単語は3文字前後）入力する児童もいます。この結果は、タイピング認定試験の1級に相当します。

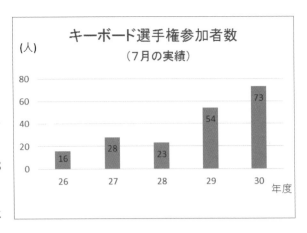

そこで、平成29年度から、5・6年生全員のキーボード入力スキルの記録をとることとしました。7月のキーボード選手権の会場で、1分間に何文字入力できるか、1分間に何単語入力できるかに、チャレンジしています。以下にその結果を示します。

藤の木小学校　5・6年生　キーボード入力スキルの記録

	平成29年度（平成29年7月14日実施）		平成30年度（平成30年7月23日実施）	
	5年生	6年生	5年生	6年生
レベル1平均	31.2文字	31.0文字	28.4文字	40.6文字
レベル2平均	13.2単語	13.4単語	12.6単語	19.1単語

レベル1・・・ひらがなを1分間で正しくタイピングする
レベル2・・・2〜4文字の単語を1分間で正しくタイピングする

　今年の6年生が5年生の時の記録と比べると、キーボード入力スキルは確実に上達しています。高学年になると、作文を書いたり、新聞を製作したりする際に、鉛筆で書くよりもキーボード入力を好む児童が増えてきます。キーボード入力スキルを鍛えることは、子供が大人と同じようにコンピュータを使いこなすようになることに役立っていると考えます。

　本校を卒業した子供たちが、「中学校の先生が、文字入力が速いと、びっくりされたよ。」というような報告をしにきてくれることも、うれしいことです。

(3)情報モラルアップ 全学年

　児童の情報モラルアップのために、本校では、情報モラルの年間指導計画（右ページ）を立てて、その計画に沿って以下のようなことに取り組んでいます。

情報モラル指導（ネットモラル）

　情報モラル指導教材を使って、各学年に応じた学習内容を年に3回指導しています。それぞれ、情報安全、責任ある情報発信、健全な情報社会の形成の3項目を偏りなく学習するようにしています。情報モラル指導では、教材として、「事例で学ぶ Net モラル」（広島県教科用図書販売株式会社）を活用し、映像クリップを視聴します。その後、問題点はどこなのか、どのような行動が望ましいのかなどをクラス全体で考えていきます。

モラル検定

　年度初めと、年度終わりの計2回、「ネットモラルけんてい」（広島県教科用図書販売株式会社）を行います。年度初めには、「ネットモラルけんてい」を、各学年の実態に応じて問題を精選して行い、子供たちの実態を把握します。その際、タブレット開きの指導と同時に行うことで、情報モラルと情報活用の実践力を同時に指導するようにしています。

　その後、情報モラル指導を4月〜7月、9月〜12月、1月〜3月を目安に、各1回ずつ計3回行った後、もう一度、年度終わりにネットモラル検定を行い、子供たちの学びの変容を確認しています。

　年度末の3月には、地域の方々を招いて6年生対象のキーボード選手権ファイナルと共に、広島県教科用図書販売株式会社の方を講師に情報モラルの研修会を開きます。様々な問題を世代を超えて一緒に学ぶ機会としています。

各学年の目標

低学年	中学年	高学年
情報の交流には必ず相手があることを確認し、お互いの表現のよさを認め合う。	受け手の情報を踏まえながら情報を発信・伝達し、交流することができる。	情報社会に影の部分があることを知り、個人情報や著作権等の保護の大切さを知り、尊重する。

学習活動

	4月	情報安全		責任ある情報発信		健全な情報社会の形成		3月	3月ごろ
1年	ネットモラル検定（TPCびらき7月ごろ）	安全と健康への配慮『ゲームに熱中すると』（モ）	安全なネットの使い方『大人と一緒に使おう』（モ）	正直で素直な心『いたずらがき（副）』		ルールやマナーを守る『コンピュータを使うときの約束を守ろう』（モ）		ネットモラル検定	
2年		個人情報を守る『知らない人に自分や他人の個人情報を教えない』（モ）	不適切なWebに遭遇したときの対処法『困ったWebページにたどりついたときどうするの？』（モ）	掲示板を使うときに気をつけること『掲示板をつかうときには責任もって書き込もう』（モ）		たった1つの大切ないのち『いのちはいくつもあるのかな（副）』			
3年		個人情報を守る『良太のるすばん』（道）	なりすまし『私は、書いてない』（モ）	社会のきまりを守る『それは、だれの作品（副）』		著作権の概念を知る『クラスのマーク"ピーチくん"』（モ）	写真と肖像権『一枚の写真』（モ）		
4年	ネットモラル検定（TPCびらき）	個人情報『少しだけなら』（道）	ネットで知り合った人との約束は危険『えっ！こんな人だったの！』（モ）	情報を発信するときの責任『情報を発信するときの責任』（モ）	文字だけで伝える楽しさや難しさ『このことばで相手に気持ちが伝わるかな？』（モ）	よく考えることの大切さ『けいたい電話の落しあな（副）』			キーボード選手権　情報モラル（ファイナル）
5年		個人情報を奪うWebサイトを見抜く『甘いことばにご用心』（モ）	ケータイと私たちの生活『この差はなんなの？』（モ）	ネット上での情報が広がる仕組み『情報の広がりについて考えよう』（モ）	きまりの意味を考えて『これも、チェーンメール（副）』	電子メディアとの付き合い方『インターネットで検索したら』（言）	ネットワークの公共性『みんなのネットワークをよりよくしよう』（モ）		
6年		チャットに夢中にならない『ついつい熱くなって…』（モ）	メール依存『メールなしでは生きていけない』（モ）	ネットいじめ『ネットいじめは絶対やめよう』（モ）	情報を発信するときの責任『私の知らないところで』（道）	生活を見直して『けいたい電話を持たせない（副）』			

（モ…モラルテキスト、道…道徳　教科書、副…道徳　副読本（H29年度使用）、言…言語・数理運用科）

▨…道徳　及び　言語・数理運用科　にて実施する。

☐…ロングスキルアップタイムの教材として扱う。

● ICT 活用に関するアンケート
～タブレット PC を 6 年間使った子供たちの意識調査～

　本校は、平成 22 年度秋に一人 1 台タブレット PC 環境が整いました。平成 27 年度の卒業生は、1 年生から 6 年生までタブレット PC を使って学習をした子供たちです。そこで、6 年間の活用でどれくらいの力を身につけたのかを確かめるために、卒業前に ICT 活用スキルに関するアンケートを行っています。それぞれの質問に対して、"思う・できる""少し思う・できる""あまり思わない・できない""思わない・できない"の 4 段階で、卒業前の意識を問いました。これまで、平成 27・28・29 年度と、3 回アンケートを行っています。

タブレット PC を使ってよかったと思うこと

　「タブレットパソコンを使ってよかったと思うこと」については、記述式のアンケートを行いました。集計は、初年度は、例えば「勉強もわかりやすくなったし、意見もしっかり言えるようになった。」という記述は、「①勉強もわかりやすくなったし、②意見もしっかり言えるようになった。」と 2 種類それぞれに 1 人分の回答があった、と数えました。その結果、全体の 9 種類の回答が得られました。次年度からは、その 9 種類で児童の回答を分類しました。3 回行ってみて、どの年においても、「タイピングの技能が上達したこと」「自分の考えをわかりやすく説明できたこと」と回答する児童が多いことがわかります。また、「授業がわかりやすくなった」「インターネットなどで調べ学習がうまくできた」と回答する児童も多いことがわかります。このことから、児童自身の ICT 活用スキルが向上したこと、ICT

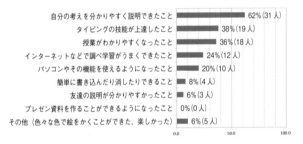

平成 27 年度の結果：回答児童 48 名　回答数 105

- 自分の考えを分かりやすく説明できたこと 62%(31 人)
- タイピングの技能が上達したこと 38%(19 人)
- 授業がわかりやすくなったこと 36%(18 人)
- インターネットなどで調べ学習がうまくできたこと 24%(12 人)
- パソコンやその機能を使えるようになったこと 20%(10 人)
- 簡単に書き込んだり消したりできること 8%(4 人)
- 友達の説明が分かりやすかったこと 6%(3 人)
- プレゼン資料を作ることができるようになったこと 0%(0 人)
- その他（色々な色で絵をかくことができた、楽しかった） 6%(5 人)

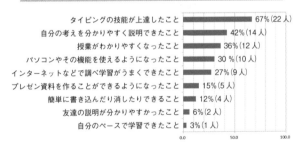

平成 28 年度の結果：回答児童 33 名　回答数 80

- タイピングの技能が上達したこと 67%(22 人)
- 自分の考えを分かりやすく説明できたこと 42%(14 人)
- 授業がわかりやすくなったこと 36%(12 人)
- パソコンやその機能を使えるようになったこと 30 %(10 人)
- インターネットなどで調べ学習がうまくできたこと 27%(9 人)
- プレゼン資料を作ることができるようになったこと 15%(5 人)
- 簡単に書き込んだり消したりできること 12%(4 人)
- 友達の説明が分かりやすかったこと 6%(2 人)
- 自分のペースで学習できたこと 3%(1 人)

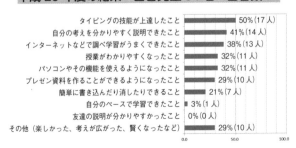

平成 29 年度の結果：回答児童 34 名　回答数 94

- タイピングの技能が上達したこと 50%(17 人)
- 自分の考えを分かりやすく説明できたこと 41%(14 人)
- インターネットなどで調べ学習がうまくできたこと 38%(13 人)
- 授業がわかりやすくなったこと 32%(11 人)
- パソコンやその機能を使えるようになったこと 32%(11 人)
- プレゼン資料を作ることができるようになったこと 29%(10 人)
- 簡単に書き込んだり消したりできること 21%(7 人)
- 自分のペースで学習できたこと 3%(1 人)
- 友達の説明が分かりやすかったこと 0%(0 人)
- その他（楽しかった、考えが広がった、賢くなったなど） 29%(10 人)

活用によって授業改善が進んだことが伺えます。

　「プレゼン資料を作ることができるようになったこと」については、平成 27 年度は 0 人でしたが、平成 28 年度 5 人、平成 29 年度 10 人と、増えています。このことは、総合的な学習の時間などで、学習成果をパワーポイントでまとめて表現する学習活動を積極的に行ったことや、それをもとに、他の学年や研究会、地域等で発表するという学習機会を設けたことの表れだと考えます。

　なお、情報モラルについても合わせてアンケートを行っています。アンケート結果からは、情報モラルの意識も高いことか伺えます。

ICT活用に関するアンケート結果

	肯定的評価の割合(%)		
	平成27年度 回答児童48人	平成28年度 回答児童33人	平成29年度 回答児童34人

＜タブレットパソコンを使った学習について＞

	27	28	29
1 楽しく学習することができたと思いますか。	100	93.9	91.2
2 授業に集中して取り組むことができましたと思いますか。	97.9	100	94.1
3 じっくりと考えて、自分の考えを深めることができたと思いますか。	97.9	87.9	91.2
4 自分の考えや意見を分かりやすく伝えることができたと思いますか。	95.8	87.9	85.3
5 自分に合った方法やスピードで進めることができたと思いますか。	93.8	93.9	94.1
6 TPCを使った学習は、わかりやすいと思いますか。	97.9	100	97.1
7 インターネットで必要な情報を探すことができますか。	100	97.0	97.1
8 必要な情報を、辞書やインターネットなどの方法から最適な方法を考え、調べることができますか。	100	97.0	100

9 タブレットパソコンを使って良かったと思うことはどんなことですか。

　　その他の回答事例

　　・将来ＰＣ関係の仕事につくとき、便利。

　　・大人になる前にパワーポイントで作れるようになった。将来役にたつと思う。

　　・パソコンを身近に感じて使用できること。

　　・社会に出たとき役立つ。

　　・家でパソコンを使うとき、とても分かりやすい。

　　・家のパソコンで新聞を作ることができる。

　　・とても楽しい。楽しく打ちこめる。

	肯定的評価の割合		
	平成27年度 48人	平成28年度 33人	平成29年度 34人

＜情報モラルについて＞

10 新聞やテレビなどが、すべての情報を伝えることができないことを知っていますか。 — 97.9 / 97.0 / 97.1

11 新聞やテレビからの情報には、事情や発信者の意図があることを知っていますか。 — 93.8 / 93.9 / 94.1

12 インターネット上には、正しくない情報や危険な情報があることを知っていますか。 — 100 / 100 / 97.1

13 著作権など、人や物の権利を知っていますか。 — 97.9 / 97.0 / 100

14 人の写真を撮る時や、他人の作ったものを使うときは、許可がいることを知っていますか。 — 100 / 100 / 97.1

15 自分や友達の情報を他人にむやみに教えてはならないことを知っていますか。 — 100 / 97.0 / 97.1

16 IDやパスワードが大切であることを知っていますか。 — 100 / 100 / 97.1

17 掲示板やブログで情報を発信する場合、見た人がどう思うかを考える必要があると思いますか。 — 100 / 100 / 97.1

18 掲示板やブログに書き込むことは危険だと思いますか。 — 95.8 / 81.8 / 91.2

19 電子メールや掲示板で仲良くなった人と会うのは危険だと思いますか。 — 95.8 / 97.0 / 100

	肯定的評価の割合		
	平成27年度 48人	平成28年度 33人	平成29年度 34人

＜ICT活用スキルについて＞

20 コンピュータの起動と終了をすることができますか。 — 100 / 100 / 100

21 使いたいソフトの起動と終了をすることができますか。 — 100 / 97.0 / 100

22 コンピュータのキーボードが分かり、その役割を知っていますか。 — 97.9 / 97.0 / 100

23 コンピュータのキーボードで文字を入力することができますか。 — 93.8 / 100 / 100

24 コンピュータを使って、発表するためのスライドや資料を作ることができますか。 — 97.9 / 97.0 / 100

25 コンピュータのディスプレイが分かり、その役割を知っていますか。 — 91.7 / 97.0 / 100

26 コンピュータを使って、表やグラフを作ったりすることができますか。 — 95.8 / 87.9 / 94.1

27 コンピュータを使って、写真や図を入れた文章を作ることができますか。 — 97.9 / 93.9 / 94.1

28 相手に伝わりやすいように工夫したスライドや資料を作ることができますか。 — 93.8 / 93.9 / 100

29 コンピュータを使って、図や色、文字の大きさや配置などを工夫したポスターやチラシを作ることができますか。 — 100 / 93.9 / 97.1

30 自分の作品などのデータをコンピュータで保存できますか。 — 95.8 / 100 / 100

31 自分の作品などを印刷することができますか。 — 85.4 / 54.5 / 94.1

32 コンピュータを使って、電子黒板やスクリーンに映して発表することができますか。 — 100 / 87.9 / 100

33 デジタルカメラを使うことができますか。 — 97.9 / 97.0 / 100

34 デジタルカメラで撮影した写真をワープロソフトなどで取り込むことができますか。 — 89.6 / 48.5 / 94.1

3. 身につけよう　かくスキル11

●「身につけよう　かくスキル11」ができるまで

　平成28年度の研究の中心は、「考える活動」としての「かく活動」でした。個々の教員の試行錯誤を学校の教育研究としてのモデルやスタイルへと集約していかなければなりませんでした。高橋先生からも「早く型を作らないと、『個々の先生が思い思いに実践した。』で終わってしまってはもったいない。」とのアドバイスをいただきました。

　そこで、型を作るために、個々の教員の実践を取り出し整理していくこととしました。

　また、高橋先生には同時に「鍛えて発揮する」というキーワードをいただきました。このことは、子供たちに書かせようとした時、「何を書いてよいのかわからない。」「どのように書いてよいのかわからない。」という様子を目の当たりにした教員が、書かせる前に身につけさせておくことがあるのではと感じていたことと繋がり、腑に落ちることばでした。日常の様々な指導に置き換えてみても、できるようになる（発揮する）まで練習する（鍛える）ということは当たり前に行っているので、「かく活動」についてもそうだということは納得できることでした。さらには、「考える活動」という高度な活動を「かく活動」にまで具体化したとしても、「かく」ことを鍛えていかなければ実現できない、ましてや「考えなさい。」という言葉一つで子供たちが主体的に考え始めるなどと思ってはならない、まずは、かくためのスキルを鍛えようと考えるに至ったのです。そして、いくつかの整理を経て完成したのが、「身につけよう　かくスキル11」です。整理に当たっては、探究の学習過程と関連付けることを意識しました。

〈整理その1〉（平成28年度9月）

学習活動	スキル例	鍛えるかく活動例　＜主として授業で継続指導＞
見取る	板書をうつす	板書をノートに正しく写す。
		視写した後で、音読する。
読み取る	絵を見てかく	絵を見て知っている言葉をかく。
	写真を見てかく	写真を見て文をかく。文はパターン化する。
	テキストを読み線をひく	文章題で、わかることに青線、たずねたいことに赤線を引く。
		大切なところに線をひいたり、○でかこんだりする。
	資料を読む	事実と、思ったこと、わかったこと、気づいたことをかく。
聞き取る	かき出す	聞いたことをかく。
	指でなぞる	読む所を指でなぞりながら聞く。
	メモする	算数の問題文や式を聞き取り、ノートにかく。
整理・分析	数直線で表す	二つの数量の関係を数直線で表す。
まとめ（考察）	キーワードを使う	主語をきめてまとめをかく。
	図と文でかく	まとめを自分でかく。
		まとめを図（記号・グラフ・イメージ図）・表と文でかく。

〈整理その2〉（平成29年度4月）

かくスキル

スキル①指でなぞる（情報収集）
スキル②線を引く（情報収集）
スキル③動かす（情報収集）
スキル④書き出す（情報収集）
スキル⑤メモをとる（情報収集）
スキル⑥書きこむ（整理・分析）
スキル⑦表・グラフにする（整理・分析）
スキル⑧言葉や絵，図や式で説明をかく（整理・分析）
スキル⑨推論・考察をかく（まとめ・表現）
スキル⑩教科の言葉を使ってまとめをする（まとめ・表現）

　この「身につけよう　かくスキル11」ができたのが、平成29年の夏です。これを子供たちにも示して、子供たち自身が意識して身につけられるようにしました。

〈完成〉
（平成29年度8月）

身につけよう　かくスキル11

1. 見てかく
2. 聴いてかく・メモする
3. キーワードに線をひく
4. キーワードを○でかこむ
5. キーワードを書き抜く
6. キーワードを矢印でつなぐ
7. 教科の言葉を使って文をかく
8. 記号を使ってかく
9. 図を使ってかく
10. 表を使ってかく
11. 記号や図や表を使ってかく

● 「身につけよう　かくスキル 11」定着の実践

1　見てかく

お手本となるものを見ながら、正しくかき写すスキルです。

1年生のノート指導は、全員にはっきり見えるように黒板を使って指導しています。算数科では、ノートのマス目に合わせた板書を書いています。児童のノートの上部にある数字を黒板に書き、列が揃うように指導しています。1行空けたり1マス空けたりするときは、教師が「1行空け。」と言った後に復唱させるようにしています。児童は、黒板を見たり復唱したりして正しくかき写すことができるようになりました。

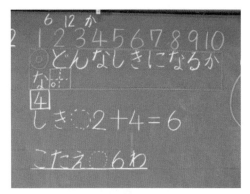

板書

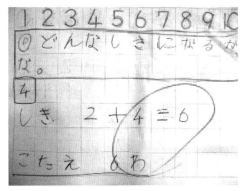

児童のノート

2　聴いてかく・メモする

耳で聞いたことを、そのまま書いたり、必要なことをメモしたりするスキルです。

国語や算数では、めあてを耳で聞いて書く学習をしました。集中して、言葉の意味や続きを考えながら書くことができました。朝のスキルアップタイムでは、文章を聞いてメモする練習をしました。必要な言葉だけをかくということに気づき、キーワードとなる言葉だけを書くことができるようになりました。メモの書き方を工夫する姿も見られました。

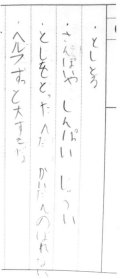
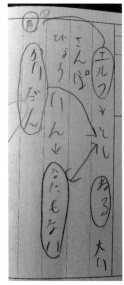

3 キーワードに線を引く

　重要なところを探し、線を引いてまとめるスキルです。

　国語科の「歯がぬけたらどうするの」の学習で、教科書を読んで、ワークシートにまとめました。まとめる前に、歯がぬけたらすること、どうしてするのかを線を引いてまとめました。「すること」が赤色、「どうして」が青色と色分けをして、すぐ見てわかるように線を引かせました。

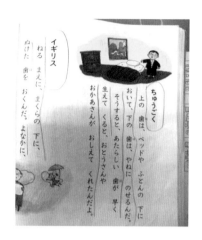

4 キーワードを〇でかこむ

　大事なキーワードを〇で囲むスキルです。

　国語科の「サラダでげんき」の学習では、ノートにまとめる前に、教科書の内容を読み、だれが、なにをサラダに入れたのかわかるところに丸をつけさせました。

　「だれが」がわかるのは・・・㋑、

　「なにを」がわかるのは・・・㋐

をヒントに読み取らせました。教科書につけた赤丸印を見て、ノートに書き取らせることで、まとめる内容が明確になり、書きやすくなりました。

5　キーワードを書き抜く

主として、情報収集のスキルです。多くの情報の中から、大切な言葉や数字などに着目して核となる情報を見つけ出すスキルです。

国語科の学習では、文中の人物の言葉や様子や動作を表す言葉、接続詞、文末表現、比喩などの工夫された表現を抜き出し、集めることで、作者や筆者が述べたいことや周りの情景などを豊かに読み取ることができます。書き抜いたキーワードは、まずは箇条書きにして整理するようにしています。

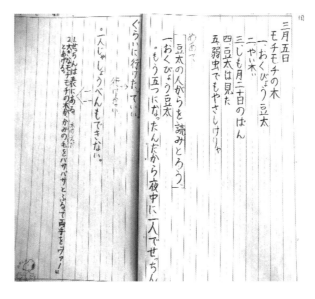

6　キーワードを矢印でつなぐ

主として、整理・分析のスキルです。大切な言葉や数字などの核となる情報を関連付け、整理するスキルです。算数科の学習では、学習課題に対していくつかの解決方法を扱うということが多くあります。このとき、ある解決方法の中の重要な数字や式と、その根拠となる考え方の関係性を見出し、矢印でつなぐことで、多様な解決方法を整理していきました。

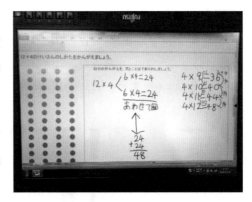

7　教科の言葉を使って文をかく

　主として、まとめ・表現のスキルで、自分の考えをかいたり、学習内容のまとめをかいたりするときに、教科の言葉を使って書けることが、確かな理解につながると考え、鍛えているスキルです。

　4年生の算数で、仮分数か帯分数のどちらか一方にそろえて、大きさ比べをする学習をしました。帯分数を仮分数に変えるときは、「かけ算」と「たし算」を使い、仮分数を帯分数に変える時は、「わり算」を使うということに気づき、まとめの言葉として使うことができました。確かに理解したことが、簡潔なまとめにつながっています。

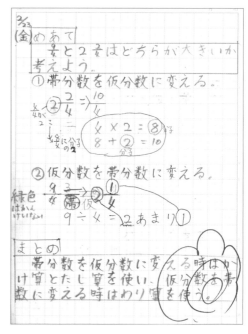

　教科の言葉を使ってまとめを書くことは、最初は困難さを伴いますが、継続すれば、自分なりに考えて書けるようになります。2年生算数科かさの計算のまとめでは、1L＋1L3dLの計算を説明するのに「1L＋1Lをして、2Lになって、3dLはそのままで、2L3dLになります。」「まず、3dLをかくして、1Lたす1Lをして2になります。2Lと3dLをたすと2L3dLになります。」「おなじたんいの数どうしけいさんする」と様々な表現がありましたが、学級全体のまとめで、教師がその表現をつなげていくことで、理解が確かなものとなりました。

8 記号を使ってかく

　矢印やアルファベットなどの記号を使って、共通項をつなげたり、関連付けたりするスキルです。

　社会科5年生の情報の学習では、病院での情報ネットワークについて、教科書や資料から読み取った情報を、記号を使ってつなげ、ネットワークが密に連携し合っていることを確認することができました。

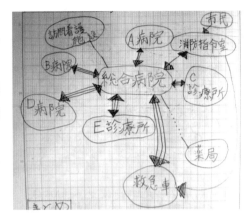

9 図を使ってかく

　文章で表現されている事柄やその内容を、「イメージ図」としてまとめるスキルです。

　理科の学習では、自然事象を理解するために、イメージ図を多用しています。自分の予想を文章だけでなく、イメージ図で表すことで、より具体的に自分の考えを説明することができます。また、実験結果では、実際に見たことを図で表すことで、次時に繋がるノート作りをすることができます。

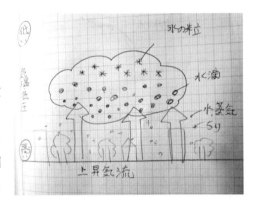

　1年生の算数では、○をかいて学習することが多いです。○を1と見たり、数字を入れて10や1と見たり、人と見たりして、数量を表し、問題解決に役立てます。○一つでも、見方によって、その図が表す意味が変化することのおもしろさを感じることができます。

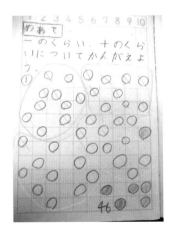
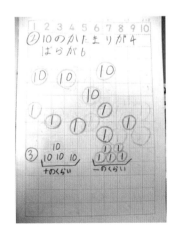

10　表を使ってかく

　主として整理・分析のスキルで、表を使っ
て、調べたことなどを整理するスキルです。

　社会科6年生の授業で、高度経済成長に
おけるメリットとデメリットを表にまとめ
ました。文章で書かれている資料の中か
ら、キーとなる情報を取り出すのに、表で
整理することで、情報を関連付けながら整
理することができ、資料の確かな読み取り
に役立ちます。また、視覚的にわかりやすくなります。

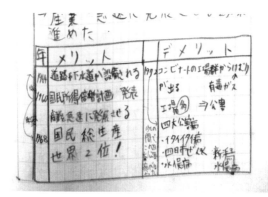

　中には、さらにそれらを年代別に、時系列で整理している児童もいました。

11　記号や図や表を使ってかく

　主として、まとめ・表現のスキルで、複数のかくスキルを使い、調べてわかったことな
どを自分なりにわかりやすく整理するスキルです。

　社会科の学習では、資料から調べたことを①記号（矢印や吹き出しなど）、②図やイメー
ジなどのイラスト、③表の3種類を使って整理するようにしています。それぞれのスキル
を使いながら、「必要に応じてかくスキルを使い分ける」ということも、児童が行うよう
になりました。かくことに重点をおいて、継続して実践している成果だと実感しています。

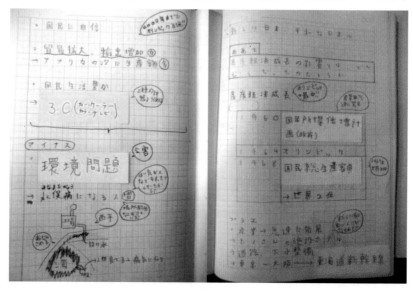

4. 日常の「かく活動」

1 書くスタンダード － ノート作り

　藤の木小学校では、平成 27 年度から、「書くスタンダード」として、学校全体で基本的なノート指導の型を定め取り組んできました。

書くスタンダード

【ノート指導　の型】

○ノート指導は以下の書き方で指導する。

- ・日付，単元名，めあて，まとめを書く。ページ数は必要に応じて書く。
- ・基本は，<u>1マスに1字</u>書く。
  - （算数の場合，筆算と一桁の数字は1マスに1字書く。その他は，数のまとまりで，見やすいよう，担任が指導のもと書く。）
- ・めあて・まとめは赤字，めあて・まとめの内容は鉛筆で書く。そして，それぞれ赤線で囲む。
- ・線を引くときは，<u>ものさし</u>を使用する。
- ・めあてと学習内容の記述の間，問題と問題の間などは，一行あける。
  - （「1行・1マスあけるカード」を活用する。）（研究部より配布）
- ・毎時間新しいページから始める。
- ・型を基本にして，教科に合わせた書き方を指導する。

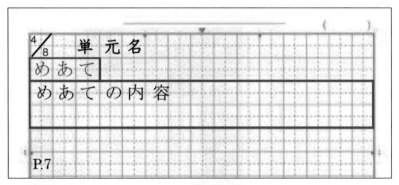

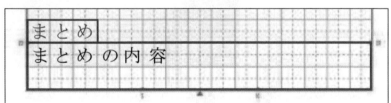

○実物投影機に実際のノートを写し，児童と同じように書き込みながら指導する。

○ノート指導を始めて 1 週間は，ノートを集めたり机間指導をしたりしながら，指導が徹底しているかどうか確認する。その後，指導した内容が定着しているかどうか定期的にチェックする。

○ていねいに書けている児童のノートは，手本として，実物投影機を使って紹介する。

めあてとまとめは必ず書くようにしました。学習の過程で、わかったことや考えたことも書くようにし、つなぐために吹き出しや矢印を使うことを薦めました。 積み重ねていくと、ノートだけでなく、タブレット PC 上にも上手にかくようになりました。

思考ツールを使ってまとめる練習もしました。フィッシュボーン型の図を使うと、整理がしやすく、まとめやすかったようです。

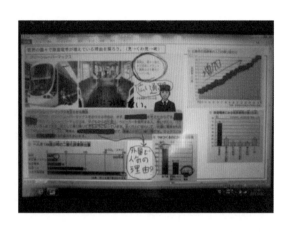

2 朝の漢字学習

藤の木小学校の始業は 8 時 25 分です。その 8 時 25 分から 30 分までの 5 分間を使って、漢字の復習を行います。

教材は、漢字ドリルを使います。どのページを練習するかだけ、黒板に示しておきます。

最初の 3 分で、10 問書きます。早く終わったら、何度も書いて練習します。その後、隣同士で 1 分で答え合わせをします。最後の 1 分で、間違いを直したり、練習したりします。

1 年間通して行い、漢字ドリルを何回も使うことができました。

朝、友達とおしゃべりをしたり、外遊びをしたりしている児童も、8 時 25 分で切り替えて学習に向かう習慣が身に付き、落ち着いて一日をスタートすることができました。

3 作文

　自分の考えを言葉で表現する習慣を身につけるために、週に2・3回、宿題に作文を課しました。テーマは、「自分の考えたことや思ったこと」で、作文ノート見開き1ページ（400字）以上を目標として書くようにしました。継続して取り組むことで、400字書くことが苦にならなくなった児童が増えてきました。様々な学習場面で、自分の考えや思いをしっかり書くようにもなりました。

　何を書けばいいか悩む児童や、作文の内容がマンネリ化してくる児童のために、時には担任がタイトルを指定したり（例『班の人のいいところ』、『今日1日で自分が一番頑張っていた瞬間』など）、お薦めのタイトルを全員に紙に書かせ、その中からランダムに選んで紹介したりしました。

　児童の作文でクラス全体に広げていきたいものを、朝の会で、実物投影機で電子黒板に映し出して紹介したり、学級通信に掲載したりしました。それにより、クラスの友達の意外な一面を知り、「おぉ！」と驚かされたり「なるほど！！」と感心したりするような考えに触れることができ、自然にクラスの雰囲気がよくなっていきました。

　また、担任としてコメントを返すことで、担任と個々の児童との人間関係も深まっていきました。

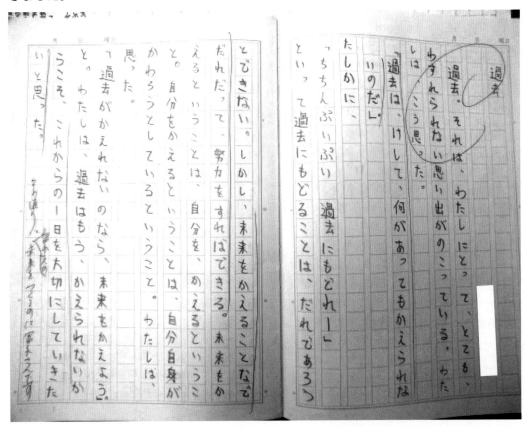

4 自主学習

藤の木小学校では、「藤の木スタンダード・学習」の４番目に、「宿題や自主学習をする」という項目を位置付けています。子供たちは、２年生の後期から、自主学習に取り組みます。学年毎に使うノートを決めてスタートし、その後は、それぞれのペースで行っていきます。

予習、復習、試写、興味があることの調べ学習など、学びたい内容や方法を自分で決めて行います。ノートに、めあて（何をやるか、どう頑張るか）と、まとめ・感想（今日の自主学習で何を学んだのか、発見したことは何か）を、必ず書かせるようにしています。

「できるだけたくさん頑張る」という量的な面での成長をまず目標とし、慣れてきたら「内容を濃くできるように頑張る」という質的な面での成長を目標にし、段階的に取り組みました。

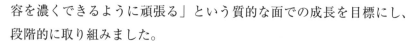

宿題は自主学習のみ、という日を設定したり、テスト前には授業時間に自主学習に取り組ませたりしました。授業時間に取り組む場合は、自主学習（30分）→ノートを班で見せ合い、いい所に赤でコメントを書く（5分）→教室を自由に歩き、友達のノートを見る（5分）→お薦めの自主学習を紹介する（5分）というように行いました。

また、手本になるもの、面白い内容のものを、朝の会の時間等を使って頻繁にクラスで紹介しました。教室の後ろに【この自学、イイネ！】コーナーを作ってノートのコピーを掲示し、いつでも誰でも見られるようにしました。終

わった自主学習ノートは、クラスみんなで教室後ろに積み重ね、「自主学タワー」と名付けました。多くの子供たちが、どの宿題よりも一生懸命に取り組んでいました。学年末には、１年間行った自学ノートを紐で綴じて一人ひとりに返却しました。子供たちは、自学ノートをじっくり眺め、学年初めより量も増え、質も深まったと、自分の成長を実感していたようでした。

5 はがき新聞

　この取組は、公益財団法人理想教育財団が提供するはがきを活用した活動で、はがきサイズの用紙に、オリジナルの新聞を作る、という活動です。

　単元のまとめ、社会見学でのまとめ、前期の目標の振り返り、クラスのいいところなど、節目節目に様々なテーマを設定し行いました。興味・関心を引く見出しや構成、丁寧な文字、色使いの工夫など、読み手にとってのわかりやすさや読みやすさを意識させて書かせるようにしました。初期段階では、見出しやレイアウトの型を示しました。回数を重ねていくと、イラストを入れたり、吹き出しを入れたりなど、児童自身が創意工夫をするようになりました。

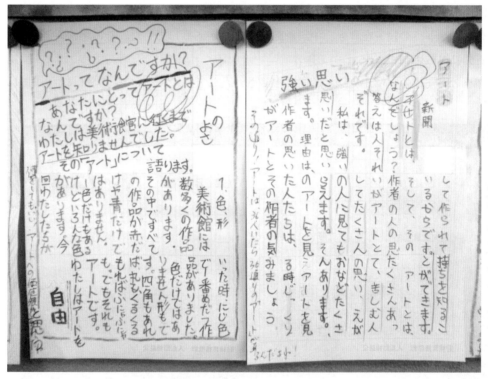

　20分もあればどの子も書き上げることができるので、授業の後半に設定したり、宿題にしたりしました。

　新聞を書く度に、全員の新聞を教室の後ろに掲示しました。それにより、友達の新聞から自分のお手本になるものを見つけ、次の新聞作りに生かすことができました。

　書くことが苦手な児童にとっては、文字数が限られるので、かえって集中力が持続し、意欲を持ってまとめることができました。逆に書きたいことがたくさんある児童にとっては、書きたいことの中から言葉を選ぶ必要があり、かえって難易度が高くなりました。伝わりやすい表現となるよう推敲を重ねることで、「かく力」を伸ばすことができました。

6 　中国新聞―ヤングスポット

　これは、中国新聞に掲載されている「ヤングスポット」という投書の視写をする活動です。「ヤングスポット」は、小学生から高校生の児童・生徒が書いた文章で、文字数もおよそ400字と適量で、身近でわかりやすいテーマの読みやすい文章です。推敲された日本語を書き写す活動を通して、正しい言葉遣いやわかりやすい表現が、身近なものとなりました。

　視写だけでなく、その内容に対する意見・感想を書かせるようにしました。投書に対しては意見が書きやすいよう、「筆者はこう考えているけど、自分は〜」といったような当事者意識のある書き方を身につけることができました。

　何度か視写を行った後、国語の学習で投書の書き方を指導しました。そして、実際にヤングスポットへの投書を書き、中国新聞社に何度か応募しました。その中から数点は、中国新聞に掲載されました。

　クラスの友達の文章が実際に新聞に掲載されたことで、クラス全体の自信になりました。

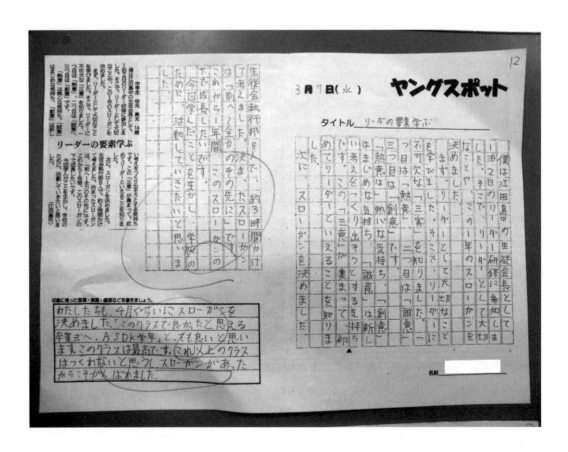

7　朝日新聞—天声人語

　朝日新聞の「天声人語」を、朝日新聞社が販売している天声人語ノートを活用して、かく活動です。「かく活動」は、意味調べ、視写、タイトルづくり、内容の要約、感想と、多岐に渡りました。

　週末の宿題として課しました。

　金曜日の国語の授業の 15 分を使って、まず、担任があらかじめ選んでおいた「天声人語」を配布し、担任が読み上げます。わからない漢字の読み方を確認したのち、意味のわからない言葉の意味調べを、国語辞典で行います。意味調べを学校でさせたのは、国語辞典を毎回持って帰ることが大変であるためと、集中して辞書を引く習慣を身につけさせるためです。そのことで、辞書を片手に全員が集中して学習する静かな時間が生まれました。

　最初は、視写に時間がかかり負担に感じていた児童も、試写ノートが 1 冊終わるころには慣れてきて、「かく活動」のスタミナがついてきたことを実感していました。また、学校で要約まで書けるようになる児童も増えてきました。

第 **3** 章

発揮する　— 授業実践事例

　鍛えた「かくスキル」を発揮するのが授業です。「かく活動」を位置付けた授業過程モデルを考えていく中で、学習の主体である児童の側から授業をとらえなおし、学習過程モデルと表現するようにしました。第3章では、そのモデルに基づいて行った、主体的・対話的で深い学びの実現を目指した実践を紹介します。主体的・対話的で深い学びは連動しており、どの授業もその実現を学習のねらいとしていますが、実践をまとめるにあたり、特にその授業で実現した主な学びの観点を1つ選択して書いています。

1.「かく活動」を位置付けた学習過程モデルができるまで

●書く活動は難しい！！

本校の研究推進計画の中に、「書く」という文言が登場したのは、平成26年度です。それまで、一人1台タブレットPCという恵まれた環境を生かし、ICTを効果的に活用した授業づくりを研究していましたが、学習の中心となる活動が「話す・聞く」「書く」活動であることに変わりはなく、ICT活用によってこれらの活動の充実を図ることが、児童一人ひとりの学力向上に繋がると考えました。また、若手教員の増加に伴って、教員一人ひとりの力量に応じた授業力の向上が急務となり、「話す・聞く」「書く」活動をどのように指導するかについても、研究する必要がありました。

そこで平成26年度は、「かく活動」は、「授業の最後に、自分の考えを書き残す活動」として具体化され、ステップ1：基本的なノート指導、ステップ2：まとめを書く時間の確保、ステップ3：教科の言葉を使ったまとめと、レベル化されました。

そして平成27年度は、「書く活動」を位置付けた授業づくりに取り組み始めました。まずは教科の言葉を使って自分の考えを書く、次に、書いたことを友達に伝える、さらに、友達の考えを聞き、書き直したり付け加えたりする、というように、三つの思考場面で「書く活動」を位置付けようと取り組みました。その結果、子供たちの「書くこと」への抵抗感が減り、めあてに呼応したまとめを書けるようにもなりました。また、書くことが苦手な児童が、消すのが簡単などの理由からタブレットPCには容易に書いたり、書き直しが簡単などの理由からキーボード入力を好んだりと、ICTが書く活動を促進することもわかってきました。さらに、わかりやすくなる工夫として、記号「！」・「→」や、図を用いた表現をする様子も見られました。「書くこと」には、文章のみならず、図、式、絵、線、そしてタブレットPCへの入力が含まれる、ということに気づきました。一方で、「何を書いてよいのかわからない。」「どのように書いてよいのかわからない。」という児童の様子も見られました。個々の教員が、「書く活動」の実践に試行錯誤したものの、個々の教員の実践の域を超えるものではありませんでした。「書く活動」に関して、学校の教育研究としてのモデルやスタイルを創り上げるまでには至りませんでした。「書く活動は難しい。」というのが率直な感想でした。

●「書く活動」から「かく活動」へ！！

平成28年度からは、パナソニック教育財団第42回特別研究指定校となりました。研究テーマは、「ICTを効果的に活用した授業づくりの追究−授業過程に『かく活動』を位置付けて−」です。あえて、「かく活動」と表現したのは、前年度「書くこと」には、文章

のみならず、図、式、絵、線、そして PC への入力、選択などが含まれることに気づくことができたからです。アドバイザーとして、東京学芸大学准教授　高橋純先生が、御指導くださいました。

　まずは、「かく活動」は「考える活動」であるという明確な意図をもって授業過程に位置付け、ICT を効果的に活用した授業を追究し、個の学びや、学び合いの質を一層深め、学力向上を目指していこうと取り組みました。

● 「かく活動」を位置付けた授業過程モデル

　本校では、平成 22 年の ICT 活用授業開始当初から授業モデルを作り、そのモデルに沿って実践し、その改善を図ってきました。平成 28 年度スタート時の授業モデルは以下の通りです。研究を通して、このモデルの改善を図っていくことを目指しました。

　モデルの特徴は、5 つの「かく活動」を、学習活動として位置付けたことです。

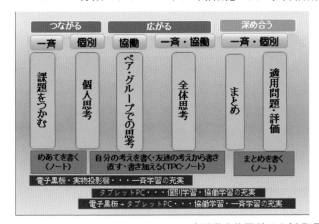

① 　かく活動 1（めあての理解）
② 　かく活動 2（自分の考えをもつ）
③ 　かく活動 3（考えを深める）
④ 　かく活動 4（学習内容の確認）
⑤ 　かく活動 5（学習の振り返り）

かく活動を位置付けた授業過程モデル

かく活動を位置付けるに当たり、以下の 4 つを研究の視点としました。
① 　いつ、どんなことをかかせるのか＝どんなことを考えさせるのかを明確にして、かく活動を行う。
② 　ICT、ノート、ワークシートなど、何を使ってかかせるのか、その意図を明確にして、かく活動を行う。
③ 　画像、動画、教科書、実物など、考える活動が充実するための手立てを明確にして、かく活動を行う。
④ 　かく活動＝考える活動の評価は、児童がかいたもので行うというスタンスで、児童がかいたものを蓄積し、協議を行う。どういう方法でかいたものを残して評価していくかは、指導案やかく活動実践シートに記録する。

　そして、新たなモデルへの手がかりとなる構想案も作成しました。横軸は学習過程、縦軸は理解に至る思考の深まりを示しました。面に「かく活動」を位置付けています。

授業過程モデルに探究の学習過程の視点を位置付けようとしたのは、アドバイザーの高橋先生から、「そもそも授業過程なのか、学習過程なのか。」という問いをいただいたことがきっかけでした。かく活動は、児童が能動的に学習に取り組む活動であるにも関わらず、授業過程モデルは、教師の側に立った表現ではないかとの振り返りを行ったのです。

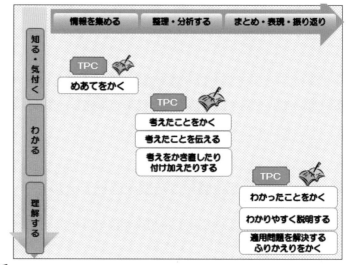

新たなモデルへの手がかり構造図

●「かく活動」を位置付けた学習過程モデル黎明期（平成22年〜平成25年）

一年間の研究を経て、平成29年度に「かく活動を位置付けた学習過程モデル」を作りました。最も重要な改善点は、モデルの軸を学習者である児童の側に移したことです。探究の学習過程を基本としました。それにより、「授業過程」は「学習過程」に更新されました。授業研究においては、授業改善でなく学習改善をイメージするようにしました。

かく活動を位置付けた学習過程モデル

考えをもつ		考えを深める			考えをまとめる
一斉	個別	協働	一斉・協働		一斉・個別
課題をつかむ	個人思考	ペア・グループ思考	全体思考	まとめ	適用問題・振り返り

かく活動1 主として情報収集の場面	かく活動2 主として整理・分析の場面	かく活動3 主としてまとめ・表現の場面
情報の提示・・・黒板＋電子黒板 →ＴＰＣ	思考の整理・・・ＴＰＣからノート	まとめ・・・電子黒板 →黒板・ノート

2. 主体的・対話的で深い学び ― 授業実践事例

次のページからの授業実践事例の見方を紹介します。

〈主体的・対話的で深い学びを目指した実践事例の見方〉

学年・教科

学びのねらい

主体的な学び、対話的な学び、深い学びの中から本時で実現した学びの観点を1つ選んで示しています。

本時につながるスキル「鍛える」

本時までにどのスキルをどのように鍛えたかを具体的に説明しています。

単元名
学習のねらい・教科書単元

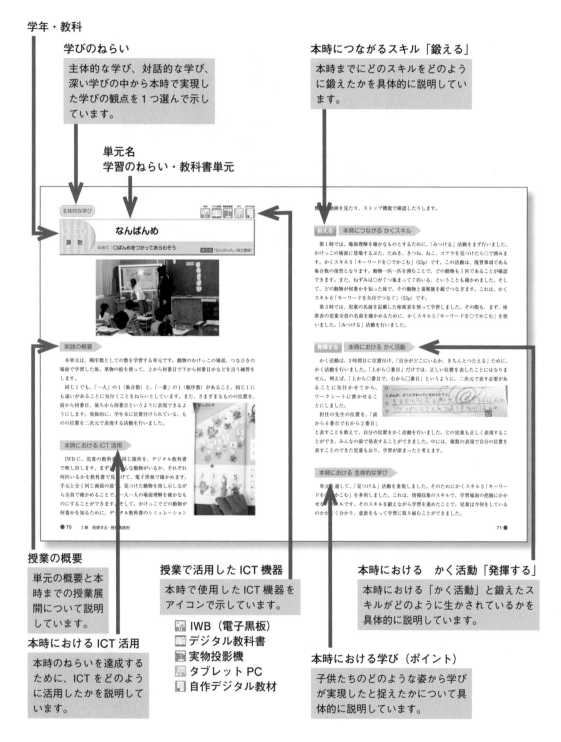

授業の概要

単元の概要と本時までの授業展開について説明しています。

本時における ICT 活用

本時のねらいを達成するために、ICT をどのように活用したかを説明しています。

授業で活用した ICT 機器

本時で使用した ICT 機器をアイコンで示しています。

- IWB（電子黒板）
- デジタル教科書
- 実物投影機
- タブレット PC
- 自作デジタル教材

本時における　かく活動「発揮する」

本時における「かく活動」と鍛えたスキルがどのように生かされているかを具体的に説明しています。

本時における学び（ポイント）

子供たちのどのような姿から学びが実現したと捉えたかについて具体的に説明しています。

主体的な学び

第1学年
算数

なんばんめ

めあて：○ばんめをつかってあらわそう

単元名「なんばんめ」（東京書籍）

実践の概要

　本単元は、順序数としての数を学習する単元です。動物のかけっこの場面、つなひきの場面で学習した後、果物の絵を使って、上から何番目で下から何番目かなどを言う練習をします。

　同じ1でも、「一人」の1（集合数）と、「一番」の1（順序数）があること、同じ1にも違いがあることに気づくことをねらいとしています。また、さまざまなものの位置を、前から何番目、後ろから何番目というように表現できるようにします。発展的に、学年末に位置付けられている、ものの位置を二次元で表現する活動を行いました。

本時におけるICT活用

　電子黒板に、児童の教科書と同じ箇所を、デジタル教科書で映し出します。まずは、どんな動物がいるか、それぞれ何匹いるかを教科書で見つけて、電子黒板で確かめます。手元と全く同じ画面の前で、見つけた動物を指し示しながら全員で確かめることで、一人ひとりの場面理解を確かなものにすることができます。そして、かけっこでどの動物が何番かを知るために、デジタル教科書のシミュレーショ

ン機能で動画を見たり、ストップ機能で確認したりします。

鍛える　本時につながる かくスキル

　第1時では、場面理解を確かなものとするために、「みつける」活動をまず行いました。かけっこの場面に登場するぶた、たぬき、きつね、ねこ、コアラを見つけたら○で囲みます。かくスキル4「キーワードを○でかこむ」(52p) です。この活動は、既習事項である集合数の復習となります。動物一匹一匹を囲むことで、どの動物も1匹であることが確認できます。また、ねずみは○が7つ集まって7匹いる、ということも確かめました。そして、どの動物が何番かを知った後で、その動物と着順旗を線でつなぎます。これは、かくスキル6「キーワードを矢印でつなぐ」(53p) です。

　第3時では、児童の名前を記載した座席表を使って学習しました。その際も、まず、座席表の児童全員の名前を確かめるために、かくスキル5「キーワードを○でかこむ」を使いました。「みつける」活動を行いました。

発揮する　本時における かく活動

　次に、「自分がどこにいるか、きちんとつたえる」ために、「かく活動」を行いました。3時間目に位置付けました。「上から○番目」だけでは、正しい位置を表したことにはなりません。例えば、「上から○番目で、右から□番目」というように、二次元で表す必要があることに気付かせてから、ワークシートに書かせることにしました。

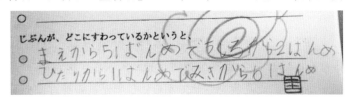

　担任の先生の位置を、「前から6番目で右から2番目」と表すことを教えて、自分の位置をかく活動を行いました。どの児童も正しく表現することができ、みんなの前で発表することができました。中には、複数の表現で自分の位置を表すことのできた児童もおり、学習が深まったと考えます。

本時における 主体的な学び

　単元を通して、「見つける」活動を重視しました。そのためにかくスキル5「キーワードを○でかこむ」を多用しました。これは、情報収集のスキルで、学習場面の把握にかかせないスキルです。そのスキルを鍛えながら学習を進めたことで、児童は今何をしているのかがよくわかり、意欲をもって学習に取り組むことができました。

デジタル教科書　IWB

第2学年 算数

水のかさをはかろう

めあて：大きなかさのはかり方やあらわし方を知ろう。

単元名「水のかさのたんい」（東京書籍）

実践の概要

　本時では、大きなかさを測るには、dL よりも大きい単位が必要であることに気づかせるために、まずは dL ますだけを使って大きな水のかさの測定を行いました。それでは手間がかかることを実感させてから、日頃児童の身近にある 1L の牛乳パックを使って測定し、その後、1L 牛乳パックの水を L ますに移すことで、普遍単位に変換していきました。また、各班毎に測定した様々な量の水のかさをデジタルカメラで撮影し、電子黒板に映し出して、測定した水の量を説明する活動を行いました。

本時における ICT 活用

　まず、水を測り、測った水のかさをデジタルカメラで撮影しました。撮影する際には、どのように撮影すれば測定した水のかさが友達にわかりやすいかという視点をもって撮影するよう、声をかけながら進めていきました。そして、その画像を IWB に映し出し、どのようにして測ったか、測ったかさはどれだけだったか、説明する活動を行いました。映像が言葉を補い、大きなかさへの理解が深まったと考えます。

鍛える　本時につながるかくスキル

　どの授業においても、めあてを書くときには、教師が言っためあてを目で見るのではなく、耳で聞いて書くことを続けてきました。「先生スピード」と名づけて、一緒のスピードで書いていくようにしました。そうすることで、めあてをかき始めるスタートをそろえることができるだけではなく、聞きのがさないよう集中して書くことができました。また、まとめを書くときには、書き始めの言葉を定め、まとめに使うとよい言葉を示しました。これは、かくスキル7「教科の言葉を使って文をかく」(54p) です。本時では、○L、○dl、大きなかさ、測る、を教科の言葉としました。

発揮する　本時におけるかく活動

　単元を通して、まとめを教科の言葉を使ってかいてきました。かく時には、「黒板の中からキーワードとなる教科の言葉を探してかきましょう。」と声をかけることで、もう一度黒板を見て、その時間の学習を児童自身が振り返り、自分の考えとしてまとめることができました。

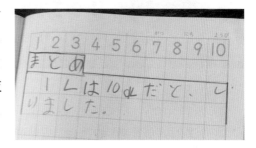

本時における主体的な学び

　本時では、どの班のかさが大きいかというかさくらべの活動を中心の活動としました。そこで、班毎に測定する容器の大きさを変えました。そのことにより、どの班のかさが大きいのかを意識して活動し、活動への意欲が持続しました。最初に dL ますで測り、「大変だ。」「時間がかかる。」と実感し、その次に L ますで測ることで、大きい単位の必然性を感じることができました。また、測った水のかさをデジタルカメラで撮影し、電子黒板に映し出して説明することで、大きなかさへの理解が深まりました。必然性のある活動で学習を進めることが大切であると改めて感じました。今後も、児童が「やってみたい。」という気持ちをもつことができるような活動を考えていきたいと思いました。

主体的な学び

第3学年
社　会

広島市の様子

めあて：[コイン通りのまわり] は、どのようなまちなのだろうか。

単元名 「わたしたちの住むまちや広島市の様子」
（わたしたちの広島編集委員会）

実践の概要

　この実践は、第3学年の社会「広島市の様子」の実践です。この単元では、自分たちの住んでいるまちの様子を歩いて調査したり、地図や航空写真などで調べたりした後、自主教材を用いて、広島市の他のまちについて、自分たちのまちと比較しながらその特徴を理解していきます。その際、さまざまな社会事象を4つの観点をもとに比較・関連付けながら学習を進め、自分たちのまち以外にも広島市にはどのような場所があり、場所によってどのような違いがあるのかを考えました。

本時におけるICT活用

　まず、3年生になって始まる新しい教科「社会科」に意欲的に取り組ませるために、また、確かな知識やかくスキルの習得のために、地図の見方やその中で使われているまちや山や川、建物、道路等を表す言葉について学習しました。

そして、初めて出会うまちに、児童一人ひとりが主体的に関わることができるように、タブレットPCにそれぞれのまちごとに、航空写真のポイントをクリックすればその場所の様子が写真で見られるデジタル資料集を用意しました。これは、行ったことのないまちの社会事象を、児童が鳥の目とありの目で豊かにイメージし、各自が主体的に学習に取り組めるようにと考えたものです。

　また、電子黒板で2つのまちのメイン通りの映像を横に並べて動画で映し出し、映っている事象を比較させることで、まちの特徴を捉えられるように工夫しました。

鍛える　本時につながるかくスキル

　書くことと思考することは一体です。ですから、写真の読み取り方と読み取ったことの書き表し方を、まず教えました。写真を見て「○○を見つけました。」のような事実を見つけること（情報収集）に始まり、「なぜ○○があるかというと、」「○○があるということは、」といった言葉で、見つけた事象について思考させました（整理・分析）。次に、「藤の木と違って、」「前の時間の△△のまちと同じように、」「□□は似ているけど、」のような言葉で見つけた事実から、資料相互を比較（整理・分析）させました。最後に、「だから、〜だと思います。」（まとめ・表現）と自分の考えをまとめさせるようにしました。このように、かくスキルを、情報収集→整理・分析→まとめ・表現という学習過程それぞれの段階での書き方として鍛え、同時に学び方のスキルが身につくよう、毎時間繰り返し行いました。また、児童が、学び方のスキルを毎時間意識できるよう、掲示しました。

どのまちの学習においても、写真を見て「場所」「建物」「人」「交通」の4つの観点で、事実を読み取らせてきたので、本時も同様にして見つけたことをノートに書き出しました。見つけた事実を、「なぜ〜なのだろうか。」「〜ということは、」「もし、〜だったら、」などのキーワードで、他のまちと同じところや違うところを比較したり、観点相互で関連付けて読み取ったりして、事象相互の因果関係について自分の考えをまとめて書きました。以下は、児童が記述した内容です。

- マンションがたくさんあるから、コイン通りは藤の木の通りと同じ長さでも、人が多く住んでいるまち。
- コイン通りは平地だから、自転車で移動しやすいまち。
- 人やお店が多いから、コイン通りのまちはにぎやかで、人を呼び寄せることができるまち。
- 信号や交番が藤の木にはないのは、車が少ないからで、コイン通りは信号が9こもあって、安全に守られているまち。
- もし、信号がなかったら、人々は事故にあって大変なことになる。
- 藤の木にもコイン通りのまわりにも公園がある。その理由は、子どもが遊んだり大人がゆっくりくつろいだりするため。たぶん、どこのまちも、大きいや小さいはあるけど、公園はある。

本時における主体的な学び

社会という新しい教科に不安なく、しかも楽しんで学習できたのは、児童のそばにICT機器があったからです。

電子黒板があることで、瞬時に、また繰り返し全体に、資料を提示でき、言葉だけではわかりにくい方位やまちの全体像の確認などができました。

実物投影機と組み合わせれば、地図上のまちの名前や建物、土地の高さ、地図記号

など、同じものを手もとで見て確認することができました。児童の書いたノートを大きく映し出すことで、ノートのとり方も指導できました。

タブレットPCがあることで、児童に見せたい資料を精選し、自主教材として示すことができました。児童は、タブレットPCで実際の町の様子を写した写真を間近で見られ、

一人ひとりが自分のペースで学習することができました。また、それぞれの学習の過程を授業支援システムの機能を使って電子黒板に映し出し、考えを共有することもできました。

　こうしたICT環境の活用により、児童は、見つけたものを書きたい、気になるからもう一度見たいといった意欲を高めていきました。そこに、かくスキルとしてのキーワードを示すと、どの児童も抵抗なく書きはじめ、キーワードをつぶやいてから思考を始めるようになりました。藤の木以外に5つのまちの学習を行いましたが、どのまちの学習においても同じ学び方をすることで、徐々に資料を読み取る力がつき、思考が深まっていきました。

　今後は、児童が資料を見る際、自分の予想を確かめたい、考えを確かにしたいなどの目的を持って画面をクリックしていけるようになることを願っています。さらに、ほしい資料を自ら探していくような主体的な態度が身につくことを目指していきたいと思います。

ふりこ

めあて：1往復する時間は、何によって変わるのか、予想を立てて、その予想を確かめるための実験方法を考えよう。　単元名「ふりこ」（東京書籍）

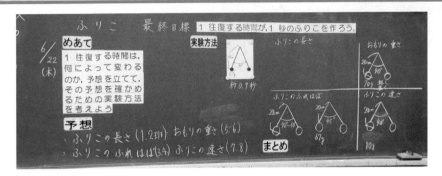

実践の概要

　本単元では、ふりこの運動の規則性を見つけるために、条件を制御しながら実験を計画して行い、ふりこの運動の規則性についての見方や考え方を養うことを目標に、ふりこの長さやおもりの重さ、ふりこの振れ幅を変えてふりこが1往復する時間の変化を観察するなどして、おもりが1往復する時間の規則性に関心をもち、ふりこが1往復する時間に関係する要因を考えました。

　本時は、ふりこが1往復する時間が何の条件で変わるのかを予想し、実験方法を考える仮説実証実験の授業の実践です。自ら考えた予想をもとに、実験方法を考えるので、実験する目的を明確にもつことができ、主体的に問題解決に取り組むことができると考えました。

本時におけるICT活用

　ふりこが1往復する時間に関係する要因について予想し、自分の考えをいくつかの根拠を明らかにしながら具体的な数値や手順及び実験方法の図を説明するツールとして、デジタルワークシートを使いました。

　個人思考でタブレットPCに配布されたデジタルワークシートに自分の考えをかいた後、タブレットPCを見せながら、班のメンバーと自分の考えを交流しそれぞれの考えをもとに班で話し合い、班の意見をまとめました。その後、電子黒板にタブレットPCの画面を映し出して発表し、班の意見を学級全体で交流しました。

鍛える **本時につながるかくスキル**

　理科の学習では、自然事象に関する問題を見いだし、予想や仮説を立て、実験方法を考え実験し、結果から考察して、結論を導き出します。第5学年では、条件を制御することの必要性を学んでいきます。そこで、4月より理科の学習では、かくスキル9・10「図や表を使ってかく」(55、56p) ことを継続して指導してきました。予想や実験方法、実験結果を図や表を使ってかくことで、自分の考えや事実が可視化・明確化され、それをもとにして話し合ったり、考察したりすることができます。児童は、図や表でまとめることに徐々に慣れ、自分なりの図や表でかける児童も増えてきました。

発揮する **本時におけるかく活動**

　本時は、1往復する時間は何によって変わるのか予想を立て、予想を確かめるための実験方法を、図や表を使って「かく活動」を行いました。

　児童は、1往復する時間は、「ふりこの長さ」、「ふりこのおもさ」、「ふりこの振れ幅」によって変わると予想し、調べる条件以外の条件は同じにする条件制御の考え方を使い、具体的なふりこの長さやおもさ、振れ幅を設定し、ふりこの図に数値や言葉を図にかきこんで実験方法を考えていました。

　言葉だけでなく、図で表現させたことで、実験の方法がより具体化され、他の児童に説明しやすいようでした。また、修正が容易なタブレットPCにかくことで、班での交流や全体交流の途中に自分の考えを修正・改善する姿が見られました。

本時における主体的な学び

　本時では、問題から考えた自分の予想を基に、全体で議論する中で自分の予想を実証するための実験方法を考える学習活動を仕組みました。与えられた実験を行うのではなく、自ら問題を解決しようと思考し、どの児童も自分事として学習に意欲的に取り組むことができ、班や全体での交流が深まりました。

対話的な学び

第1学年
音楽

おとでよびかけっこ

めあて：おきにいりのよびかけっこのリズムをつくろう

単元名「おとでよびかけっこ」
（教育出版）

実践の概要

　この題材では、「呼びかけと答え」という音楽の仕組みを用いて、音を音楽にする学習をします。音の響きや様々なリズムを生かして、呼びかけ合いを楽しんだり、楽器による呼びかけ合いの面白さを感じとったりすることをねらいとしています。そこで、今回の実践では、まず、呼びかけに対する答えのリズムをつくるという簡単な音楽づくりを児童一人一人がタブレットPC上で体験します。そして、グループでリズムをつないで、答えとなる音楽の演奏へと発展させていくようにしました。その際、つくったリズムを電子黒板上において、クラス全体で共有しながら学習を進めることで、クラス全体で呼びかけ合いの面白さ、楽しさを体感できるようにしました。

本時におけるICT活用

　1年生の児童は、本単元で初めてタブレットPCを使うので、本時までにタブレットPCを使った学習を行い、デジタルワークシートの操作、ペンの使い方や選択の仕方、イヤホンの使い方等について指導しました。また、リズムづくりに意欲をもたせ、技能を習得できるよう、毎時間のリズム遊びでICTを活用し、電子黒板にパワーポイントで作成したデジタル教材を提示しながら、リズム模倣、即興でのリズム創作等を行ってきました。

本時では、児童一人ひとりが容易に創作活動に取り組めるよう、タブレット PC に「簡易的なリズムづくりができるデジタルワークシート」を用意しました。

　このデジタルワークシートは、それぞれのリズム、つくったリズム、練習用のメトロノームの音をクリックで再生できるようになっており、①４種類のリズムから選択してクリックすれば、簡単に問いに対する答えのリズムをつくることができる②選択したリズムとつくったリズムが音として瞬時に再生されるので、耳で聴いて確かめながらつくることができる③何度もつくりかえることができる④保存することで次時の学習に生かすことができる、という４つの利点があります。学習のまとめの振り返りでは、児童が個々に学習を想起し評価できるよう、同じシート上に達成度をペンで囲んで選べるよう、選択形式の評価欄を工夫しました。また、このデジタルワークシートは、かくことが困難な児童への支援となるだけでなく、リズムを見ながら操作できる有効な視覚的支援で、どの児童も意欲をもって確実に創作できます。リズムの発表では、電子黒板で児童のワークシートを映し出して発表させることで、つくった音楽を学級全体で共有でき、友達の良い所を見つけたり、一緒に演奏したりしながら、技能を定着させることに生かすことができました。

　次頁に本時のかく活動で使用した「簡易的なリズムづくりができるデジタルワークシート」を示しています。リズムの創作・練習・振り返りの流れに沿って活用することができます。リズムの創作では、ペンで「リズム」をそれぞれ選択すると、選択したリズムが赤く表示され、音（タン・タタ・ター・ウンの４種類）を聴くことができます。創作後に「きく」をクリックすると、自分の創作した４拍のリズムを続けて聴くことができます。「もどす」で、最初の状態に戻ります。様々なリズムが創作できるように、同じワークシートを複数用意してあります。練習では、「音符マーク」をクリックするとメトロノームの音が流れ始めます。再度クリックすると、停止させることができます。さらに、「といのリズム」をクリックすると「問いのリズム」と「メトロノーム」が合わさった音を聴きながら練習をすることができます。振り返りでは、「☆マーク」を活用します。クリックすると、三段階の顔の表情のマークが表示され、自分の創作したリズムを見ながら学習を振り返り、ペンで囲み、自己評価をします。

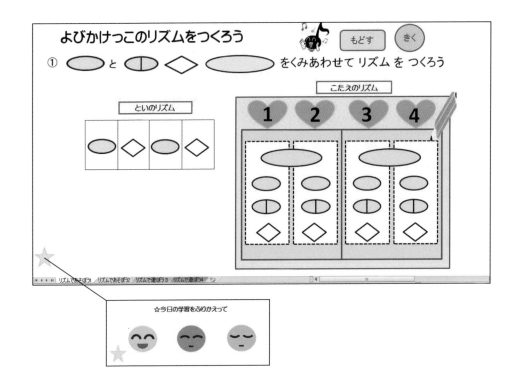

鍛える　本時につながるかくスキル

音楽では、自分の感じたことを最終的に音楽で表現するのが望ましいのですが、鑑賞や歌唱・演奏で感じたことを言葉で表現するのも重要だと考えています。音楽を表現する一つのツールは「かくこと」なので、児童が聴いた音楽を自分の言葉で表現できるように「感じを表す・音楽の用語を集めたプリント」を全児童に配布し、音楽室に学習した記号・用語を掲示しています。授業では、リズムの創作や学習の振り返りを記号や文章でかく活動を定期的に取り入れ、児童自身の音楽技能の向上や知識の定着、次時への意欲づけとなるようにしています。

また、他学年においても鑑賞の時間には、かく要点を事前に提示すること、よくかけている児童を模範として紹介することを行い、児童にかき方を指導し、意欲を高めています。学年の発達段階や実態に応じて必要な時に継続して行っています。

発揮する　本時におけるかく活動

１年生は、発達段階上、文章による「かく活動」は行わず、タブレット PC 上のデジタルワークシートへの入力としました。児童が今後、自分の意図や思いをもって創作・歌唱活動ができることを見越して、意図的に行いました。本時のかく活動

は、デジタルワークシートでペンでリズムや音符を選択すること、学習の振り返りをペンで囲むことです。

本時における対話的な学び

　今回、1年生の音楽でICTをフル活用しました。児童一人ひとりが、楽しんで学ぶことができました。本時では、主にパワーポイントとタブレットPC、電子黒板の3つのICTを活用しましたが、児童が目標を達成させる上で必要不可欠だったと思います。

　パワーポイントを活用したリズム模倣のフラッシュ教材は、日々の授業でも継続して活用しており、全員が確実にリズムを打つ技能を定着できました。

　タブレットPCは、児童一人ひとりが自分のペースで確実に学習できました。視覚的な支援となるだけでなく、タブレットPCでしか行えない「音の再生」や「何度も修正できる機能」を生かし、リズムを創作・演奏する時間を増やし、充実させることができました。

　電子黒板は、瞬時に児童のワークシートを提示して共有できるので、活動時間の確保につながりました。また、児童がつくった作品の良さを見つけ合う指導にも生かすことができました。

　ICTを効果的に活用することで、全児童が45分間フルに活動し、ねらいを達成することができました。それにより、音楽への思いや意図の育成、技能の定着を図ることができ、児童に身につけさせたい音楽的な力を十分に培うことができました。まさに、ICTを介して自分との対話的な学びが実現したといえます。

　音楽科は、児童の実態や発達段階に応じた感受や技能などの様々な力が定着すれば、更に進んで自分たちで演奏したり表現したりすることができます。その手段の一つとして、「かく活動」「ICT活用」を意図的に導入していく事が望ましいと考えます。ICTをよりよく活用すれば、利便性は勿論、児童の好反応が期待でき、活動への意欲が高まります。

　今後は、児童の実態に応じて、様々な技能を定着させることができるような教材の改善・作成を行い、児童に着けたい力（目標）が達成できるよう、効果的な活用を目指していきたいです。

対話的な学び

第4学年 図画工作

10才の自分を気持ち色いろパーツで表そう
～世界に一つだけの気持ち色いろ紙を使って～

めあて：「10才の自分」を、気持ち色いろパーツを使って表そう。

単元名 絵の具でゆめもよう（日本文教出版）

実践の概要

　この題材では、様々なモダンテクニックを使って紙に絵の具で模様をつけ、その紙（「気持ち色いろ紙」）を、自由自在に切り取ってできた紙（「気持ち色いろパーツ」）、を使って、コラージュの技法を用いて10才の自分を絵に表す学習をしました。

　「気持ち色いろパーツ」を使ってコラージュで表す活動の過程において、友達と「気持ち色いろパーツ」を交換する場面を設けたことで、互いの試みに関心が向き、多様な関わり合いが生まれました。

　また、鑑賞の段階では、自分や友達の作ったパーツが、互いの作品の中で生かされていることから、一つの作品を共に作り上げた喜びを感じることができるとともに、それぞれの表現のよさや面白さに気づき、互いに認め合い、理解を深めることにつながったと考えます。

　毎時間の授業の導入で、児童それぞれのお気に入りのパーツを使って、どんな気持ちを表しているのかを問う「気持ち色いろパーツクイズ」を行いました。事前に出題している所をビデオで撮り、テレビに映し出すことで、短時間で友達の作品に触れることができ、関心をもつことができました。

　作品紹介では、実物投影機を使って作品を紹介することで、作品の細部まで全員で見合うことができ、それぞれの表現のよさや面白さに気づき、互いに認め合い、理解を深めることができました。

鍛える　本時につながるかくスキル

　「こんな気持ちを伝えたい。」「こう表したい。」という自分の思いを具現化するために、どのような表現をすればよいのか、表現の工夫をさせました。そのために、「気持ちいろいろブック」を活用しました。児童は国語の学習で、「気持ちマーク」を使って、登場人物の気持ちを考え、それを手掛かりに、言葉で書き表すことを積み重ねています。その図画工作科バージョンとして、「うれしい、悲しい、怒り、おどろき…」といった気持ちをイメージ化し、色や形、様々なモダンテクニックを使ってかく活動を積み重ね、世界に一つだけの自分だけの「気持ち色いろ紙」としてまとめました。

　気持ちをマップ上に分類したり、できた「気持ち色いろパーツ」を思いのままに切り出したり、自分の気持ちを表現する一助としました。

【様々なモダンテクニックを楽しむ児童たち】

また、10才の自分を表すという視点では、4年生になってからの思い出を書き出し、その思い出に付随する気持ちを「うれしい、怒り、悲しみ、驚き」に分けました。さらに、その「うれしい、怒り、悲しみ、驚き」に合うように「気持ち色いろパーツ」を切り出し、分類しておきました。

【気持ちいろいろパーツの分類】

発揮する 本時におけるかく活動

本時は、B3のラミネートフィルムに、好きな色の台紙を置き、その上に10才の自分の気持ちをイメージしてパーツを並べました。自分で納得のいくまで何度も試すことができるようにしました。これは、自分の気持ちをかく活動です。繰り返し行うことで、自分の表したい気持ちに近づけていくことができました。終わった児童は、毎時間、学習カードに振り返りを書きました。それにより、次時への見通しをもつことができるとともに、担任としても、それぞれの児童の課題を把握することができました。

【B3ラミネートを活用する】

【学習カードに振り返りをする】

本時における対話的な学び

　B3 のラミネートフィルムにパーツを並べる前に、気持ち色いろパーツを友達と交換する活動を取り入れました。友達のパーツを自分の作品の一部として貼り合わせることにより、自分にはなかった紙の色や模様から、自分のイメージがより膨らんだり、友達の作った紙の色や模様のよさを感じ取ったりすることができました。

【お友達パーツを選ぶ】

　鑑賞の段階で、自分の作品を前に、「自分はどういう気持ちを表したか。」を説明したり、相手から「どんな気持ちを表したように見えるか。」の意見を聞いたりしました。自分ならこういった表し方をするなど、活発な意見交換が生まれました。

　作品づくりを通して自分の気持ちと向き合い、作品鑑賞を通して友達の気持ちと向き合いました。対話的な学びが実現したと考えます。

対話的な学び

特別支援学級
自立活動

いつのことだか思い出してごらん

めあて：発表会の練習をしよう。

単元名「いつのことだか思い出してごらん」

実践の概要

　この実践は、特別支援学級の自立活動として、4月から12月までの行事や活動を振り返り、自分自身の成長を確かめる学習として行ったものです。単元の初めに、写真や映像で、4月からの行事や活動を学級全体で振り返った後、その中から、児童が一番心に残っているものを決め、その写真をタブレットPCに取り込み、それを使って作文を書いたりその時の気持ちをクイズにしたりしました。学習のまとめとして、参観日で作文発表とクイズの発表を行いました。本時では、作文発表とクイズの練習をしました。

本時におけるICT活用

　本単元ではタブレットPCを使った授業を行うので、事前にタブレットPCの使い方や、デジタルワークシートへの書き込みの仕方などを学習しました。起動から、ログイン、操作までの流れを自分でできるように繰り返し練習しました。本時では、電子黒板を使って、写真や映像で行事や活動を振り返った後、準備していた思い出作文とクイズの発表練習をしました。出題者である児童が、自分のタブレットPCからクイズとして写真を配布し、それに対して回答者である児童が、自分のタブレットPCでその写真を見て、その時の友達の気持ちを想像して書きました。

鍛える　本時につながるかくスキル

　日頃から、6つの視点マークを使って、情報収集や表現のスキルを意識させながら指導しています。目のマークは「よく見てわかること」、心のマークは「思ったこと・感じたこと」です。本時では、写真や動画を見て、気持ちを表現する活動を行うので、それまでに、目のマークを使ってしっかり見ることを意識付けたり、見た後で心のマークを使って気持ちを問いかけ、言葉で表現したりする活動を様々な場面で行ってきました。

発揮する　本時におけるかく活動

　本時では、心のマークを使って、タブレットPCに配布された友達の写真で「何を思っているのか」書くという気持ちクイズを行いました。児童は、いちご狩りをしている友達の写真を見て、「おいしそうに食べているから、いちごおいしい、と思っているよ。」とか、校外学習でカブトムシを触っている友達の写真を見て、「カブトムシ、つるつるしてると思っているよ。」など、写真を見て友達がどんなことをして何と思っているのかを考え、タブレットPCにしっかりと書くことができました。

本時における対話的な学び

　一番心に残った行事の写真をもとに、児童がお互いの気持ちを想像し、分かり合うという学習を行うことができました。ICT活用は児童同士のコミュニケーションに役立ちました。事前に発表で気をつけたいことを一つ決め、その振り返りも行いました。児童は、他の児童の意見も聞き、本番に向けて発表をよりよくする手がかりを見つけました。

深い学び

<table>
<tr><td>第1学年
国 語</td><td colspan="2">おとうとねずみチロ</td></tr>
<tr><td></td><td>めあて：おばあちゃんにおれいをいうとき
のチロのきもちをよみとろう。</td><td>単元名「おとうとねずみチロ」(東京書籍)</td></tr>
</table>

実践の概要

　この実践は，第1学年の国語科「おとうとねずみチロ（物語文）」の実践です。この単元では、児童一人ひとりが主人公のチロになりきって、チロの気持ちを考えることができるように、日頃からお世話になっている6年生に「おとうとねずみチロ劇場をひらこう」という単元のゴールを設定し、各場面のチロの気持ちを読み取っていきました。その際に、チロの行動が描写されている部分に線を引いたり、そこを動作化したり、「チロアニメーション」を見てチロの様子を確かめたりして、うれしい・悲しいといった単純な想像ではなく、チロがどのようにして喜んだり悲しんだりしたのかを具体的に想像できるようにしました。

本時における ICT 活用

　登場人物の気持ちを考える指導においては、教材文の記述に即して想像させていくことがとても重要です。教材文から離れた憶測や空想では、気持ちを考えたことにはなりません。

　そこで、まず、チロがどんな風に悲しんだり喜んだりしたのか、チロの気持ちがわかる所に線を引かせました。その後、電子黒板にデジタル教科書を提示し、該当の箇所に線を引きながら、学級全体で行動描写を確認しました。そして、その行動描写は具体的にどのような様子だったのかをつかむために、チロになりきることができるよう動作化の活動を行いました。その後、電子黒板で、「チロアニメーション」を見てチロの動きを確認しました。「チロアニメーション」とは、パワーポイントのアニメーション機能と、フォトショップという画像加工ソフトを併用して作成したデジタル教材です。教科書にある挿絵や「おとうとねずみチロ」の絵本の挿絵、動きを補完するために描いた絵を繋げて、チロが「木の上にかけのぼる様子」や「チョッキをさっそくきる様子」などを、アニメーションにしたものです。静止画ではなく動画にして視覚的にチロの動きをとらえられるようにしました。このことによって、「かけのぼる」「さっそく」などの一つひとつの言葉から、チョッキをもらえたことがうれしくて、「早くおばあちゃんにありがとうを伝えたかった」というようなチロの気持ちを読み取ることができました。

鍛える　本時につながるかくスキル

　まず、教科書に線を引くという活動はこれまでにも度々行ってきました。スキル3「キーワードに線を引く」（52p）です。

　また、個人で書く時間（個人作業）に入る前に、何を書けばよいか見通しをもたせたり、ペアで「相談タイム」を設けたりして、わかりにくい児童にとって、個人作業の時間が、何をしてよいかわからない時間にならないように手立てを講じてきました。

　具体的には、どのようなことを書けばいいか、お手本となる答えを数人に発表させてから、個

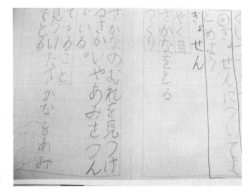

人作業に入りました。そうすることで、何を書いてよいかわかりにくい児童が書くことへ

91 ●

のイメージをもつことができました。また、文字そのものを書くことが難しい児童には、あらかじめ担任が黄色の蛍光ペンで児童のノートにその内容を書いておき、それをなぞらせるという支援もしてきました。

発揮する　**本時におけるかく活動**

　単元を通して、①音読する②チロの気持ちがわかるところに線を引く③チロになりきって動作化する④「チロアニメーション」を見てチロの動きを確認する⑤吹き出しに台詞の続きを書く、という流れで、毎時間学習を進めました。「この時のチロの気持ちはどうだったのでしょうか。」という発問だけでは、「うれしい気持ち」といった簡単な言葉しか出てきません。そこで、⑤の吹き出しに台詞の続きを書くまでの間に、チロになりきれるような工夫をしました。チロキャップを被ってチロに変身させてから動作化するという工夫です。また、「チロアニメーション」を視聴してチロの動作を確認した後に、「なぜ、チロはそんな行動をとったのでしょうか。」など、行動描写からその行動の理由を考えさせる発問をすることで、その行動に隠れていたチロの気持ちを考えることができました。チロになりきらせたり、発問を工夫したり、毎時間同じ流れで学習したりしたことで、どの子もワークシートに自分の考えを書くことができました。

②気持ちがわかるところに線を引く。

③チロになりきって動作化する。

④「チロアニメーション」を見る。

⑤吹き出しに台詞の続きを書く。

本時における深い学び

　低学年で、登場人物の気持ちを想像させてワークシートやノートに自分の考えを確実に書かせるためには、書く作業に移るまでに、本文から離れることなくその登場人物の気持ちに近づいていなければなりません。今回、全員でチロキャップを作って被ったり、「チロアニメーション」に合わせて、丘の上に見立てた椅子に実際に上ったりしたことで、登場人物になりきることができたと考えます。

　この動作が、かく活動において、本時の場面から想像した気持ちだけでなく、前の場面の本文にさかのぼって気持ちを書くことができるようにもなり、深い学びが実現できたと考えます。

　そういった学びが実現できたのは、その本文の言葉一つひとつを、全員でどんな様子だったのか体を動かして考えながら、読み取っていくことができたからだと思います。その活動に有効に機能したのがデジタル教材「チロアニメーション」です。まさに、デジタルとアナログの融合によって深い学びが実現したと考えます。

深い学び

| 第3学年 算　数 | はしたの大きさの表し方を考えよう（分数） |

めあて：分数のたし算の仕方を図・式・言葉で
　　　　考えよう。

単元名「はしたの大きさの表し方を
　　　　考えよう（分数）」（東京書籍）

実践の概要

　この実践は、第3学年の算数科「はしたの大きさの表し方を考えよう（分数）」の実践です。授業では、「単位分数（$\frac{1}{10}$）がいくつ分」を用いて考えるために、動的操作が簡単で何度も試行錯誤できるタブレットPCのよさを活用し、単位分数を動かすことのできる液量図を使用しました。また、同時にノートにも液量図や数直線、式、言葉などで自分の考えをかかせることで、自分の考えを明確にさせました。全体でまとめた後には、各自の理解度に合わせて適用問題を解いていけるよう、自分で答え合わせのできるデジタル問題集を作成しておき、タブレットPCを用いて解かせました。その後、実際に問題を何問も解き、気づいた事などを含めて、再度全体でまとめ、理解を深めました。

　分数のたし算の場面として、ジュースのかさを求める場面を提示しますが、文字情報だけでは場面を把握することが難しい児童が少なからずいます。そこで、どの児童も問題場面を把握できるよう、実物を使って問題場面をリアルに再現し、その様子を Web カメラで提示しました。それにより、どの児童も、問題場面を把握することができました。

　個人思考の場面では、タブレット PC 上にデジタルワークシートを用意し、単位分数を動かして考えられるようにしました。

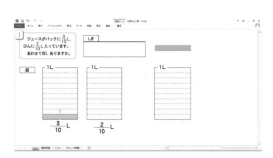

タブレット PC に用意したデジタルワークシート

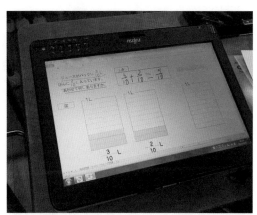

実際に児童が操作したワークシート

　適用問題として、タブレット PC 上にデジタル問題集を用意しました。全部で 70 問用意しました。これは、自分で答え合わせをしながら進めていくドリルのようなもので、どの児童も自分のペースで取り組むことができます。早い児童はたくさんの問題を解くことができ、遅い児童は操作で場面を確かめながら確実に解くことができます。

　ワークシートには、適用問題と、分母をそろえたヒントシートを用意し、個人思考のときと同様に単位分数を操作しながら考えることができるようにしました。

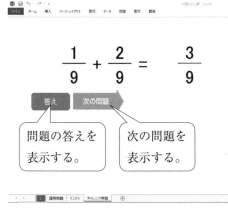

タブレット PC に用意したデジタル問題集

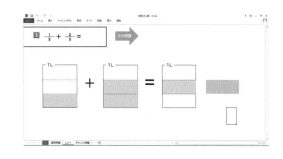

デジタル問題集中のヒントシート

　タブレット PC を活用する時には、パソコン上で試行錯誤しながら考え、わかったことや考えたことはノートにかき出していくことを繰り返し行ってきました。特に、ノートには図をかくことを継続して行い、個人思考の時間に、液量図や、線分図、数直線などの図をかいて考えることを毎時間行いました。かくスキル 9「図をつかってかく」（55p）です。

　また、かくスキル 7「教科の言葉を使って文をかく」（54p）を鍛えるために、毎時間の学習のまとめの場面で、わかったこと・気づいたこと（①）、わからなかったこと（②）を本時で用いた算数の言葉を使って、ノートにかかせるようにしています。本時の学習を振り返り、自分でまとめることで、理解度を確かめることはもちろん、わからなかったこともかくことで、自分が本時でどこまで理解できたかを考えられるようにしました。これを毎時間繰り返し行いました。

発揮する　本時におけるかく活動

　まず、自力解決の時間に、タブレット PC での操作の後、液量図をノートにかき、分数のたし算の仕方の説明をかきました。ペア学習で自分の考えを説明した後に、必要に応じてかきなおしました。

　適用問題の時間が終わってから、本時のまとめをノートにかきました。そこでは、以下のような記述がありました。

①　分母と分子を別にしてたせば計算できる。

①　分母は「いくつに分けたか」、分子は「いくつ分」なので、分子同士のたし算で考えればよい。

①　分子同士のたし算で考えると、これまでの整数のたし算で考えられる。

　個人思考の時間には、タブレット PC 上のワークシートで、何度も単位分数を動かし、試行錯誤する児童の姿が見られました。

個人思考におけるタブレット PC 活用場面

適用問題を解く場面におけるタブレット PC 活用場面

　また、適用問題の時間には、タブレット PC 上のデジタル問題集で、各自のペースに合わせて意欲的に問題を解いている姿が見られました。

　学んだことを使って自ら問題を解き、答えあわせをするといったサイクルを、何度も繰り返すことで、計算方法の理解も深まり、計算も習熟しました。

　最後に全体でまとめを行った時には、「分数のたし算で、分子の計算は 1 年生の計算だ。整数と同じように計算できる。」と、数学的な見方・考え方を児童から引き出すことができました。

江戸幕府と大名

第6学年
社　会

めあて：大名の配置のし方を考えその考え方を比べてみよう

単元名 「江戸幕府と大名」（東京書籍）

実践の概要

　この実践は、江戸幕府が開かれて、最優先事項の一つであった大名の取り締まりについての工夫を見つけることを中心に行いました。群雄割拠の戦国時代から、徳川家康が、250年以上続く江戸時代の安定した基礎となる仕組みを築いたという点をおさえるための単元です。その中でも注目させたのは、大名を、親藩・譜代・外様と、三つに分けて統制し、全国各地に配置させた点です。武家諸法度という「決まり」で諸大名たちを統制していく中で、ただ単に配置を決めたのではなく、幕府に背く可能性のある外様大名は遠方に配置し、親藩大名・譜代大名は江戸近辺や主要都市に配置するなどの工夫に気付かせる実践を展開しました。

　児童が、自分の考えを根拠に、自分なりの配置図を作成し、それと実際の幕府考案の配置図とを比較して考えることで、より理解が深まるようにしました。二つを比較することで、歴史的な事実と、自分の思考とがリンクする部分に気づく児童、異なってはいるものの、幕府の配置の戦略的な部分に気づけた児童と、さまざまな姿が見られ、学びを深めることができました。

本時における ICT 活用

　タブレット PC にあらかじめ日本の白地図上で、色分けした 3 種類の大名を動かすことのできるデジタルワークシートを準備しました。プリントやノートではなく、ペン操作で自由に配置ができるデジタルワークシートは、繰り返し試行錯誤を重ねたい児童の要求に応えるものとなりました。配置図作りは整理・分析という活動に位置付けています。この活動においては、操作が実体験を伴うものになるので、児童の理解によい影響を与えると考えます。

　また、個人思考の後のグループ学習で、お互いの考えを説明し合う活動でも、タブレット PC で自分の考えを友達に瞬時に見せることができ、話し合いが深まりました。

　学級全体で思考する場面では、授業支援システム機能を使って、二人の児童のタブレット PC 画面を並列で示しました。二人の児童の考えを比較することで、自分にはなかった配置の観点を新たに知るなど、「比べる」ことで学びが深まりました。比較対象の児童のタブレット PC 画面を次々と変更できることや、個人の思考を学級全体で瞬時に共有するうえでも、有効でした。

鍛える　本時につながるかくスキル

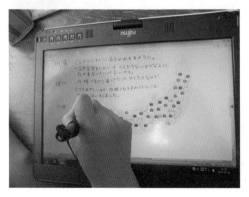

　社会科では、歴史上の人物や事実関係など、覚えなくてはならないことがたくさんあり、暗記や短期記憶を苦手とする児童は、その内容の多さから、社会科自体に苦手意識を持ってしまうことがあります。逆に、興味関心を持つ児童は、自分の好きな時代から派生するように様々な時代に興味を持ち、時代背景や登場人物、さらに時代の移り変わりまで深く理解することができるようになります。

そこで今回の実践では、児童が興味・関心をもつ活動で導入し、それを言語化して理解を図り、確かな知識として定着できるかに注目して取り組みました。第1時では、操作を伴う理解をめあてに、タブレットPCを使った配置図作りを行いました。第2時では、比較による理解をめあてに、自分の考えと友達の考えとの比較、実際の配置図との比較を行いました。比較のスキルそのものは「かくスキル」ではなく「思考スキル」ですが、社会科だけでなく、他の教科においても、二つのものを比較するという学習活動を日常的に行い、整理・分析のためのスキルとして、鍛えています。

　学習のまとめの段階では、かくスキル7「教科の言葉を使って書く」（54p）を使います。これも日頃から取り組んでおり、本時においては、キーワードとして、教科書に書いてあるいくつかの言葉をヒントとして提示しました。自分が考えた内容と、提示したキーワードをすり合わせ、埋め込んでいく活動を行うことで、学習の仕上げとして位置付けました。

発揮する　**本時におけるかく活動**

　児童は、自分の配置図を完成させたら、その理由をタブレットPC上に書きました。「外様を江戸から離し、親藩と譜代を江戸の近くに配置する。」「外様をあえて江戸の近くに配置し、裏切るようなら親藩と譜代で挟み撃ちにする。」「親戚は油断ならないから自分だったら親藩も遠ざける。」「大阪とか京都とか、近畿地方の有力な土地は親藩・譜代に支配させる。」など、それぞれの配置図の根拠となる

る考えを書いていました。自分の配置図の根拠を言語化するという点ではだいたいの児童が合格点であったと考えています。

　さらに、特に今回の学習で意識して取り組んだのは、「比較する視点を明確にして書く」ということです。「似ている点」「違っている点」を意識して書き出させました。これまでの学習でも、比較は行ってきましたが、視点を明確にしてこなかったためか、児童からは「自分の意見と違う点」ばかりがあげられていたように思います。そこで「似ている点・同じ点」に注目し、幕府の戦略に迫れるよう声をかけていきました。書くこ

とに苦手意識のある児童も、こうした視点を与えることで、かくスキル7でもある自分の考えを教科の言葉を使って、言語化することができていました。

本時における深い学び

今回の実践では、以下の4点が達成できるよう、意識して取り組みました。

① 大名の配置を考えることで、三種類の大名の立場をしっかりと理解する。

② 大名の配置の根拠を書くことで、自分の考えを言語化する。（整理・分析）

③ 比較する視点を明確にして、自分の考えた配置図と友達の考えた配置図、自分の考えた配置図と実際の配置図とを比較し、思考を深める。（整理・分析）

④ クラス全体のまとめをもとに、最終的な自分の考えをまとめる。（まとめ・表現）

幕府の配置図と、自分の考えた配置図の比較をした後の児童からは、「幕府の考え方とは真逆の配置図になった。」「外様の配置はだいたいあっていたけど、大阪や京都などのことまでは考えていなかった。」「幕府の考えとほぼ一致したので自信が持てた。」など様々な意見が出されました。

さらに「江戸の周りには大名の配置がなく、関東の重要な部分がすかすかな印象がある。なぜだろうか。」といった新しい疑問も生まれ、児童の思考を揺さぶる教材であったことがわかりました。

今回のように、自分が将軍であったらと大名配置を考え、実際に操作して作った配置図と実際の配置図を比較したことで、児童は、親藩大名、譜代大名、外様大名という言葉を意図をもって何度も使い、理解を深めました。歴史的な事実を単純な知識として記憶するのではなく、児童にとって意味深い知識として定着が図られたと考えます。児童は終始、意欲的に活動し、主体的に学びに向かう姿勢も育てることができました。

第6学年　社会　新しい日本、平和な日本へ

めあて：1964年の東京オリンピックが「大成功」
と評価された理由は何だろうか。

単元名「新しい日本、平和な日本」
（東京書籍）

実践の概要

　この実践は、日本が焼け野原だった終戦から、わずか7年でオリンピック招致を始め、結果的に世界中から「大成功のオリンピックだった」と評価されたことを踏まえ、「1964年の東京オリンピックが『大成功』と評価された理由」を考えることを課題としました。ただ単に、新幹線や道路などのインフラ整備がなされたからという表面的な理由ではなく、そこに至るまでの国民の努力や苦労についても考えられるように、教科書の資料とは別の情報を加え、2種類のデジタル資料集を作成しました。一人ひとりが資料から読み取ったことをもとに、班毎に思考ツールを使ってホワイトボードに考えを整理し、学級全体で共有し、理由をまとめていきました。

本時における ICT 活用

　導入では、短時間で、テンポよく本時のめあてをつかむために、当時の新聞の記事を活用して作成したパワーポイント資料を電子黒板で大きく提示しました。オリンピックを不

安視する人々の声に触れている「天声人語」の文面、色鮮やかで華やかな開会式の写真、大成功だったと世界から評価されている記事を、大きく提示しました。資料探しには手間をかけましたが、この導入で、児童から本時のめあてを引き出すことができました。

　情報収集の時間では、児童が手もとで詳しく資料を調べることができるように、授業支援システム「知恵たま」を使用して、タブレットPC上にデジタル資料を配布しました。詳しく見せたい写真資料がある場合は、資料上にリンクをはり、クリックすれば閲覧できるようにしました。児童には日頃から、重要だと考える情報を見つけたら、タブレットPCの画面上に直接線を引いたり、気付きを書き込んだりするスキルを指導しています。本時でも、集中して資料と向き合っていました。

鍛える　本時につながるかくスキル

　社会科では、課題解決に役立つ情報の効率的な収集の仕方、集めた情報の整理の仕方を、児童がきちんと理解し身につけて、活動に取り組むことが、特に大切であると考えます。そうでないと、情報をただノートに書き写すだけの作業になりがちになるからです。

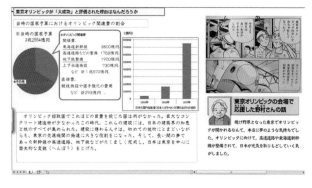

　そこでまず、情報収集と整理・分析での活動を、きちんと分けて行うようにしました。具体的には、「情報収集は5分間」など、時間をはっきり明示しました。また、情報収集では資料にかきこむ、整理・分析ではノートにかきこむなど、かく場所を明確に指定しました。かき方については、情報収集では、教科書、資料集、タブレットPC上の資料のどれを調べるときにも、大切だと思うところに線を引くようにしました。資料と資料を矢印でつないだり、そこでの気づきを吹き出しに書いたりしている児童を見つけては、実物投影機で紹介しました。整理・分析では、情報収集で得た情報を基に、ノートに箇条書きで整理します。そこから考えたことなどを、矢印、吹き出しなどの記号を使ったり、付箋、思考ツール（フィッシュボーン型など）を使ってまとめる活動を繰り返しながら、一人ひとりの整理しやすい「型」を見つけています。

　班の意見をホワイトボードにまとめる活動では、班全員の意見、および班としての意見を学級全体に提示するために、思考ツール（右図）を毎回使いました。また、班の中で、発表、書記、タイムキーパー、アイディアマンの役割を決め、毎回交代しながら、あらか

じめ示した話し合いの型に沿って話し合う活動を繰り返し行い、慣れていきました。

　まとめを書く時には、めあてと呼応し、めあてに対応する表現となるように、書き出しのフレーズを型として使えるようにしました。例えば、めあてが「不平等条約によって日本はどのような影響を受けたのだろうか。」の場合は、まとめの書き出しは、「不平等条約によって日本は、〜」のような型です。最初は型として教えますが、すぐに児童も慣れて自分で書き始めることができました。また、めあてを書いたあとすぐに、「じゃあ、今日のまとめはどうやって始めればいいかな？」と投げかけることによって、本時のゴールへの意識を、最初に明確にすることができました。それによって、情報収集、整理・分析の段階で、課題意識が持続したように思います。

発揮する　本時におけるかく活動

　まとめで、「国民の努力」「復興・発展のきっかけ」といったキーワードを引き出すために、資料A「モノに関する情報」（当時の国家予算におけるオリンピック関連費の割合を

示した円グラフ・GNPの推移のグラフ・インフラ整備による影響）と、資料B「ヒトに関する情報」（オリンピック招致の中心人物である田畑政治の思い・新幹線をつくる中心人物だった三木忠直の努力）の2種類の資料をタブレットPC上に準備しました。そして、資料Aを調べる児童、資料Bを調べる児童に分かれ、その後のペア学習、グループ学習ではジグソー学習の手法で、調べたことを交流し、班毎に考えをまとめるようにしました。

　児童は、「国民が一丸となり、努力して今までの過ちをみんながちゃんと反省したうえで、復興に向けて努力したから。」「戦争と大きく関係していて、国民全体が努力し、これからの日本に希望をもてるオリンピックになったから。」「国民の夢や、熱心な心が、オリンピックの開催へとつながったから。」「苦労の中で、新幹線をつくったり、広島県出身の人をランナーにしたりして、世界に向けて復興アピールをすることができたから。」というように、まとめることができました。

　今回は、東京オリンピックが大成功と評価された理由について、2種類の異なる資料を関連付けて考えることができました。ベースとなったのは、探究の学習過程の各段階で行ったかく活動です。

①　情報収集の段階で、調べたことを資料にかく。
②　整理・分析の段階で、気付きやわかったことを、ノートにかく。（同じ資料から調べた児童同士で考えの伝え合い）（違う資料も合わせた班全体での考えの伝え合い）
③　まとめ・表現の段階で、班の考えとしてホワイトボードにかく。（班ごとの考えの発表）
④　まとめ・表現の段階で、クラス全体のまとめをもとに、最終的な自分のまとめをかく。

　それぞれの段階でのかく活動によって、考えが整理され、よりよい自分なりのまとめにつながっていきました。また、探究の学習過程をかく活動で繋ぐことにより、意欲的に学ぶようになりました。これは、新学習指導要領で育成を目指す資質・能力の中の、学びに向かう力，人間性等にあたると考えます。この力は他の教科の学習でも発揮され、今何をするべきなのかを児童自身が意識し、スムーズに考えを深めていくようになったと考えます。また、今回の授業では、班毎のまとめをもとに、学級全体のまとめをつくることが、社会的事象の見方・考え方を働かせることにつながると考え、板書を、教師と児童で考えためあて、班で書いた図、教師と児童で考えたまとめで構成しました。

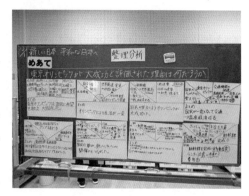

また、ジグソー学習の手法で行うことによって、自分が資料から調べたことを相手に説明する必然性が生まれ、結果的に自分とは違う見方・考え方を知ることができ、グループでの学びが深まりました。

　今後は、ホワイトボードにまとめられた内容を繋いでいくスキルの指導や、他の班から出された意見に対して質問や意見を持っていた児童のための話し合いの場の設定およびその時間の確保を課題としてとらえ、取り組んでいきたいと思います。

〈対談〉 これからの ICT 活用

新見公立短期大学幼児教育学科・教授　**梶本 佳照 先生**
東京学芸大学教育学部総合教育学系・准教授　**高橋　純 先生**

於：The 16th 広島市立藤の木小学校 ICT 活用公開研究会
平成 29 年 12 月 1 日

「藤の木小の ICT 活用」

高橋純先生（以下高橋）　日本はどうもコンピューターで調査されると、旗色が悪そうだという気がします。今、教員としての業務、社会としての業務、会社としての業務を、コンピューターなしで能力を測定されることはあるのか。ないだろうと。基本的にはコンピューターを使って成果を上げて評価されていく。コンピューターがなかったらうまくいくけど、あったら負けちゃうという話はあまり通用しない。

　陸上競技で言えば、裸足で走ったら勝つけど、スパイク履くと負けちゃうみたいな、そんな話です。そう考えると、例えば我々も、漢字の形が分からなかったら、ぱっぱと打ってコンピューターを使う。そういう日常的な活用のチャンスが、子供一人1台環境のこの学校にはある。子供の数だけコンピューターがあるということからみても、この学校から学ぶことはたくさんあると思っています。

　大きめな話をすると、「わかる」のレベルを“浅いわかり”と“深いわかり”で分けて考えたときに、国際調査に貢献できるような一人1台のコンピューターの活用効果は何かと考えたら、“浅いわかり“で使っていくより、“深いわかり”に貢献できる使い方がいいと思います。

　日本中で行われている、例えば水の温まる様子をカメラで撮って何度も見るような活用は、深いか浅いかと言われたら、比較的浅い。本当に温まり方を知ろうと思えば、温度計で測って、数字データを得てグラフにして、考察していく活動になります。小学校高学年、中学校になればなるほど、カメラでわかる程度のことで実験結果を確認してしまったら、“浅いわかり”になる。

　こう考えると、今日はタブレット PC の授業が二つもあったけれども、多くの学校で見られるカメラの活用がなかったというのは、藤の木小の長いノウハウの重大な点だと思い

ます。カメラも悪いわけじゃないけれど、やり続けるとよくない。最初の動機付け程度ならいいかもしれないけれど。

　例えば、日本中で行われている、体育などでフォームを確認するという使い方。フォームを確認するのは重要ですけど、ただこれだけでうまくなるとはとても思えません。それなら、フィギュアスケートの選手なんてコーチを雇う必要も全然無くて、自分でビデオを観て、自分で間違いを見つけて、自分で直していけばいい。だけどそれだけじゃないから、コーチを雇ってそのコーチのアドバイスをビデオで確認する。だから、カメラを一人１台というのは長い目でみれば、逆に活用場面が少なくなっていく。最初のちょっとした動機付けに使うのが精一杯、あるいは低学年、中学年で使うのが精一杯ぐらいになっていくと思っています。

　さらにこのシーン（写真提示）は、誰かのよい発表を拡大掲示しようとして先生が選んで、ボタンを押したら映らないので、支援員さんが来てどうしようというお決まりのシーンですけど、このとき誰の頭がフル回転しているんでしょうか。先生の頭ですね。授業は誰の頭をフル回転させないといけないのかと考えたら、当然子供なわけです。たまに映すのはいいけれど、こればかり中心に組み立てていくのは少し困難があるだろうと思うわけです。

　今日の授業を振り返って、いくつか課題はあったとは思いますが、タブレットPCの活用については、無駄な時間は存在しない。「始めましょう」と言えば、みんな大抵のことがわかっているから、頭をフル回転させるためにすんなりスタートする。ここに、藤の木小学校ではタブレットPCが道具になっている良さがある。おそらく時間がたっていくと、大人が普段問題解決にICTを使っていることと似た使い方にならざるを得ないだろうと思います。我々だって無駄だったらコンピューター使わないわけで、大人に似た使い方をやっていかなくちゃいけない。ただ、こういう使い方がどうして普及しないのかと考えていくと、やはりスキルの問題になります。PCのスキルとか、かくスキルとか、基本的なスキルがなければ、カメラで撮るしかない。だからカメラで撮る実践が広がって、視覚化という"浅いわかり"の方が注目されています。

　今日はキーボードを使っているシーンはなかったし、ファイルを閉じたり、共有フォルダーにしまったりするシーンもなかったけれど、藤の木小の子供たちはみんなできる。それを見せてくれたほうがおもしろかったと思うくらいです。

　今年一年間で、色々なタブレットPCの実践を見ましたけれど、ここの学校の子供は一番にコンピューターを上手に使いこなせます。ストレス無く道具のように使います。カメラとかではなく、本当に普通に上手に使いこなしています。それはものすごく大きいと思います。

　藤の木小学校は、振り返ってみれば７年間一人１台PC活用の研究をしている。続けていったらわかること、蓄積していることは山ほどあります。７年間やり続けて、やった人にしかわからないことってたくさんあります。

今日は若手の先生が授業を公開したわけですね。教職経験3、5、6年目の先生が公開しました。一番経験者で6年目です。「私がそのくらいのキャリアだったら公開したくない。」とさっき校長先生に言ったぐらいです。でも次世代に繋げることが、藤の木小の売りなんだろうなと思います。若手にバトンを繋げていくというのが、研究の最終段階。

あと、藤の木小でやれいてないのは、このタブレットPCのリプレイス。機械の更新以外は、日本の最先端。広島市が新しい機器をいれてくれたら、全部が一通り体験できた格好になる。

「かく」をテーマにしたのも非常に大きいなと思っています。これはICTを使って新しい学びを何とかしようというわけじゃなくって、一般的な学習活動を取り上げてやっている。そこに、藤の木から学ぶことがたくさんあると思っています。ICT一人1台より、今色々な学校が抱える問題だとか、新しい学習指導要領への対応とか、そういったことをテーマに若い先生もチャレンジした公開研だと思っているところです。

「身につけよう　かくスキル11」

梶本佳照先生（以下梶本）これは藤の木小学校の「身につけよう　かくスキル11」ですが、スキル2の「聞く」の中で考えてみたいと思います。

「聞く」は、単に話を聞く、注意して聴く、考えながら訊くに細かく分かれる。具体的に言うと、単に、話の内容を聞く、自分の考えと比べながら聴く、相手に尋ねたり自分の考えを返したりしながら訊く、そういう風に分かれます。その段階を意識すると、主体的な学びになるし、対話的な学びにも繋がっていく。対話するにはこういう訊き方をする必要がある。尋ねたり、自分の考え方を返したりすると、深い学びに繋がります。

スキル3・4・5・6・7ですが、3と4は似てい

身につけよう　かくスキル11

1. 見てかく
2. 聴いてかく・メモする
3. キーワードに線をひく
4. キーワードを○でかこむ
5. キーワードを書き抜く
6. キーワードを矢印でつなぐ
7. 教科の言葉を使って文をかく
8. 記号を使ってかく
9. 図を使ってかく
10. 表を使ってかく
11. 記号や図や表を使ってかく

るのですが、とりあえず印をつけて、さらに大切と思われるものにマルをつける、似たもの同士を矢印で繋ぐ、5では、重要なキーワードをノートに書く、このあたりは、かなり思考する、必ず考えていこうとするから、深い学びにつながります。これらをもとに文章を書いていく。タブレットPCを使う場合があったり、図とか矢印や線をかくことがあったりするから、ひらがなの「かく」なんです。タブレットPCに「かく活動」には慣れて得意だから、それを基に、ノートに「かく」というように、段階を追ってしっかり考えられている。だから藤の木小学校での「かく活動」は思考を深めて学ぶことに繋がっていく。ここの学校は、その教科の目的と直接繋がるICT活用を行っているのです。

「かく活動」〜なぜ藤の木はかく活動をテーマにしたのか〜

梶本　私も小学校、中学校の教師をしていたので、先生が発問すると、手が挙がって何人かで意見が出て進んでいくという授業は、よくありました。活発な授業だったなと思うけど、後でビデオを見ると、十何人くらいしか発表していない。後の子は見てるけど、積極的に自分の頭を働かせているのかというと疑問です。活発な授業と言っても、授業で教師が発問して、ぱっとすぐに手が挙がるのはおかしいでしょ。単純な質問だったらあるが、大きな発問をして、ぱっと手が挙がるはずがない。

　みなさんも、発問されたらちょっと考えたりメモしたりするでしょ。どう言おうかなって、考えるでしょ。私もそう思って紙に書かせたんです。自分の意見を書く時間を取ったんです。そこでスタートラインがそろうでしょ。スタートラインをそろえる活動がいります。

それがなかったら深く考えない。藤の木小学校の「かく活動」は、そのあたりをすごく意識されているんじゃないかな。まず自分の意見を持つ。その為には書かせる。「かく」ことで自分の意見を持つ。きちっと書くということはなかなか難しい。藤の木小学校では、そのあたりをかく活動で深めていこうとしています。

高橋　ちょっと理論っぽいお話なんですが、今おっしゃったことと同じようなことが書かれています。これは早稲田大学の向後千春先生の『インストラクショナルデザイン』という本です。認知技能の熟達と書いてあります。認知技能とは、頭を使って勉強する、漢字を覚えるとか、歴史の流れを理解するとか、そういったタイプの勉強のことなんですが、認知技能の勉強に関しては言語が重要な役割を果たしていると書いてあります。それは、運動技能が最初は言葉でインストラクションしていても、熟達するにつれて次第に言語の介在が少なくなるのとは対照的である、頭の勉強の方は常に言語情報を処理することになる、その言語情報をいかにして高速に正確に処理するかが熟達度を示すことになる、考えることとか理解することには必ず言語が介在する、ということです。だから藤の木小学校は「かく活動」を、「言語」をテーマにしたんだろうなと思います。

　梶本先生がおっしゃっていますけど、言語活動の中には話す、聴く、読む、書く、ひらがなの「かく」とかいろいろある。この中で一番難しいのは何なのかといわれたら、話したり、聴いたりも確かに難しいけど、最終的には「かく」が最終形かなと思うし、難しいし、「かく」だと主体的にならざるをえない。「かく活動」は、一人になって相当頑張らないとできないことなので、一番しんどいテーマ。それをテーマにしている。つまり「かく」をテーマにしたのは、内容理解のみならず、かく技能を教える、つまり勉強にも役に立つような学習の方法を教えたいという藤の木の考え方なんだろうなと思っています。

　さらに言うと、スキルじゃなくて思考力だよ、表現力だよって話があるけど、どんな学習論も基本的にはこういう書かれ方をしている。「考えろ考えろ」と言って、最初から考

えさせても考えられるわけではなくて、最初は一つ一つ教えて、だんだん教師がフェイドアウトしていく。あたかも自分が思いついたとか自分でできるようになったと思わせて卒業させていく。そういうようなことから、まず「かくスキル11」を作って、これだけで終わるわけではなくて、次に繋げるのが「かく活動」だなと思っています。

「深い学び」～深い学びとは～

梶本　深い学びとは、教科の見方・考え方がポイントと言われています。社会科の考え方から言えばこう考える、理科的に考えたらこうだとか、教科の特性、教科特有の考え方に基づいて意見を考えていく、物事を考えていくことが、ベースになる。そういう面で深い学びには、教科の見方・考え方をわからせていくことが、最初の第一歩だと思います。ただ、それを具体化しないとね。簡単な所から入らないとね。抽象的だったら難しい。そこは課題だなと思います。高橋先生はどう思われますか？

高橋　深い学びは、まず主体的・対話的で深い学びの話があって、生涯にわたって能動的に学び続けるようにするって書かれています。つまり、主体的・対話的で深い学びに関しては、本時だけではないし、教育課程の中だけじゃないし、学校卒業してもっていう話です。

　本校でいうと、かく活動という、卒業後もずっと大事にしていくことをテーマにしたということがものすごく意味があるし、ICTもそうで、それをテーマしていることに意味があって、そこがチャレンジなんだと思います。

　「学ぶことに興味や関心を持ち」、これは本時でできるけど、「事後のキャリア形成に方向と関連づけて」って時空を超え始める。「子供同士の協働、教職員や地域の人との対話」、これは本時の話かなと思うけど、「先哲の考え方を手がかりに考える」とか、時空を超え始めるみたいなこと、私自身も考えてみて難しすぎますね。先ほど梶本先生が言ってくださいましたけど、深い学びは、教科の中で見方・考え方を働かせって説明いただきましたけど、例えば、数学的な見方・考え方は、「数量や図形の関係に着目してとらえ論理的統合的発展的に考えること」とあります。こういうことができるかどうか考えた場合に、それは難しいです。

　大人でも、日常生活の中で、見方・考え方について考える経験をたくさんすることが大事と思っています。例えば、ある会で、大根とじゃこのシャキシャキサラダがあって、これの特徴は？と尋ねてみました。みなさん、10個くらいは言えますか？

　国語的に見ると、シャキシャキという食感を言葉で表してメニュー名に入れることですごく美味しそうに感じる、社会科だったら産地に着目してみて、山の物と海の物がある、理科だったら、動物性のものと植物性のものが混ざっている、図画工作だったら色彩がいい、家庭科だったら、栄養バランスがどうかなど、ある視点を持ってながめると、次々出てくる。今みたいなことは、こうやって聞けば確かにそうだと思え

る話ですね。しかし、多くの人はその特徴がすぐには出てこなかったんです。それは、見方・考え方が上手に働いてないから、せっかくの知識が呼び出せなかった、と言えるのではないでしょうか。だから、深い学びが行われたかどうかを、仮のテストで確かめようと思ったら、ほとんど区別がつかないかもしれません。深く学んだかどうか、今みたいにインタビューして、別の場面でどうなのかを確かめると、深く考えたかどうかわかってくるから、テストの仕方も変わってくる。それが、大学入試の改革につながっていくと思います。

　深い学びの見方・考え方っていうのは、教科の中で考えると、抽象度が高すぎるので教師にとってもけっこうしんどい。まず日常生活の中で一番やさしいのは、校長先生の見方・考え方はどうなのか、教頭先生の見方・考え方はどうなのか、忖度するというようなことでわかるかな。深い学びは、結構難しい話です。梶本先生も、深い学びで具体例とか生活の中で何かありますか？

梶本　私の妻も教師ですが、物事の考え方が全然違います。妻は古典が好きだから、古典のことから考える、そういう事象から考える。私は表面から考えます。そのあたりが、話してみると、全然考え方が違うと思います。

高橋　たぶん見方・考え方がはっきり理解できるのは、人に対して、が多いですね。ただ、見方・考え方、深い学びにこだわりすぎると、せっかく梶本先生がおっしゃったように、最初の一歩がいつもよりちょっと深いぐらいの学習しか実現できにくくなる。

　ではここで一つ試してみましょう。先生方、中学生の気持ちで、かくした言葉を大きな声で言ってみましょう。

水溶液

　砂糖を水にとかすと，砂糖水ができる．この場合，砂糖のように，とけている物質を◻といい，水のように，溶質をとかす液体を◻という．溶質が溶媒にとけた液全体を◻という．溶媒が水である溶液を◻という．

参加者　溶質。溶媒。溶液。水溶液。

高橋　では、4つの言葉をつなげて隣の人に説明してみてください。（参加者対話）

　今、先生方も言葉を使いましたし、頭で考えたりしました、考えたり言葉を使ったりして学習した成果は、何ですかね。思考力ですか。知識ですよね。少し前より上等な知識が身についた。

　梶本先生がおっしゃった「簡単なところ」って何かなっていうことを考えた場合、こういうような知識の質を上げていくような言語活動とか思考活動が、繰り返しできるのかなと思います。

梶本　知識を深めるというのは、思考を深める深い理解、知識を深めることによって深まります。

高橋　そうですね。昔の能力の高い人は今みたいに深い知識を持った人、そういった意味で考えると、今みたいなことを繰り返しやっていくことだと思う。だいたい調子が上がってきたところで時間がきました。梶本先生最後に何か。

梶本 「一人ひとつの PC の活用」ですかね。これからの子供は、自分で資料を見てまとめていく、自分なりに整理していく力が必要になっていくんでしょうね。そうすると、最初はたどたどしいけれど、自分で今日の授業の内容を資料と図を使ってまとめていく、そういう活動をしていく必要がある。今までは、教師が名人芸で、高度な内容の板書を書くとすごい、と言ったこともあったんですが、初めはそれでよくても、その次には、高度な内容の板書を子供が書けるのがいい。そのために PC を活用する。PC は、図とか文章とかかきやすいから、その為に活用すると高度な文章を書きやすい。そういうことを考えてもいいんじゃないかと思います。

高橋 学習過程という考え方が藤の木小の中でもいっぱいある。学習過程に「かく活動」を位置付けるがテーマだったと思いますが、学習過程で一番有名なのが「探求的な学習の過程」ですね。新しい学習指導要領でもこれはかなり出ています。これが教科でも、総合的な学習の時間でも基本です。例えば、理科の学習で、実験するのは情報の収集ですね。グラフにかいたり、平均を求めたりするのは、整理・分析です。そこから考察して色々考え、新たな課題が生まれスパイラルになっていく。これはまとめ・表現です。

今日の社会科でやったみたいに、ICT が情報収集に活用できたり、まとめ・表現でワープロのスキルを使って書いたりもできる。

梶本先生がおっしゃっていたのは、こういった流れの中で、最も学校で教えられていないのはどこなんだと考えたときに、たぶん整理・分析なんだという話だと思います。教師の高度な板書は、教師がみんなの発言を拾って書いてしまう。これは、教師が整理・分析をしちゃってる。子供がすべき整理・分析を教師がやっている。このとき誰の頭がフル回転してるのかって言われたら、やはり整理・分析している先生の方が疲れている。この整理・分析を教師から子供に委ねるチャレンジを、「かく活動」という切り口で見せたのが藤の木小だと思います。

梶本 学習過程のループで一番大事なのはこの図です。基本の知識で、それを使って立案して理解して振り返る、新しいことが前のときと比べてまた新しくなる。新たな活動も始まる。そういう活動を通して、知識が深まっていく。最後は、深い知識を習得し、学習も深まっていくということなんです。

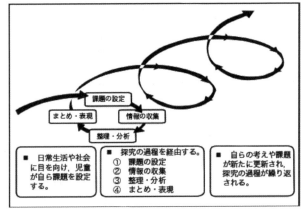

探究的な学習における児童の学習の姿

高橋 学習過程の一つ一つをスキルとして鍛えて、学習過程の中で発揮していく、そういったところの飲み込みが藤の木小はまだ途上である部分がありますけど、お手本を見せてもらえたんじゃないかなと思っています。

第4章

授業改善から学習改善へ

....

　平成30年度は、「情報活用能力育成のためのカリキュラム・マネジメント─ICTを活用した、鍛えて発揮するかく活動を軸として─」を、研究主題として取り組んでいます。

　新学習指導要領において、情報活用能力は教科等を超えた全ての学習の基盤となる力として位置付けられており、その育成のためのカリキュラム・マネジメントが求められています。

　本校のこれまでの取組は、情報活用能力＝学習活動において必要に応じてコンピューター等の情報手段を適切に用いて情報を得たり、情報を整理・比較したり得られた情報をわかりやすく発信・伝達したり、必要に応じて保存・共有したりすることができる力の育成に資する取組であると同時に、「知識・技能」「思考力・判断力・表現力等」「学びに向かう力・人間性等」の三つの資質・能力を育むための、主体的・対話的で深い学びに向けた学習改善となる取組であると考えています。

　そこで、その取組を一層充実できるよう、「身につけよう　かくスキル11」をしっかり鍛えるための「スキルアップタイム」、ICT活用とかく活動を位置付けた探究的な学習の過程を通してしっかり学ぶための「ロングスキルアップタイム」を新たに設け、研究を進めています。

1. 学習改善のための教材研究・授業準備の仕方

日々の授業の教材研究では、次の2つのことを準備しようと、心がけています。

まず一つ目は、本時の授業の最後に児童がどのような姿になっていてほしいかという、本時で目指すゴールの姿を設定することです。二つ目は、板書計画・発問・指示・確認をまとめたノートづくりです。それを準備したら、授業で使う教材や掲示物を準備し、実際に黒板に貼ってシミュレーションします。探究の学習過程を意識して行うようにしています。

では、第1学年算数科「あわせていくつ」の教材研究を紹介します。

ゴールの設定

本時のゴールは「加法の意味や、式の表し方を理解する」としました。具体的には、「あわせていくつになるかの問題では、ブロックを両手で合わせる操作ができる」「3と2をあわせたら5になることを、しき：3 + 2 = 5で表すことができる。」の二つを、本時で目指すゴールの姿としました。そこで、それぞれ以下のような指導をすることとしました。

① ブロックを両手で「ガッシャン」と言わせながら、ブロックを合わせる。

「ガッシャン」という言い方は、本時が合併の場面なので、合併の様子を表す言葉として選びました。次時は増加の場面なので、「ドッシーン」という言葉で、増加の場面を表そうと考えています。

② 全員に「3と2を合わせると5になります。しき：3 + 2 = 5」と、何度も復唱させる。

何度も復習することで、式と言葉が繋がって、知識として定着すると考えます。復唱後は、教科書やノートに式を書く活動を行って、さらに定着させます。

ノートづくり

算数科では、ノートの上半分に板書計画、下半分に発問・指示・確認をまとめたものを書きます。大事な発問は赤、指示は青、教えることは青で囲むなど、色分けをしています。また、指示の後には必ず確認を入れています。㋐とは、「ぴん　ぴた　グー」という、できたらよい姿勢で待つという児童との合言葉の略です。児童一人ひとりが、指示したことを確実に行えるように、ポイントとなる所に書き込むようにしています。

上段の板書計画に沿って、下段の授業の流れを書くことで、実際に授業をしている際に、今、どこを進んでいるのかがわかりやすくなります。また、授業の流れを、課題設定－情報収集・整理・分析－まとめに分けて、ノートにもまとめることで、それぞれの場面で、どんな活動をしなければならないかを意識しながら授業を進めることができます。

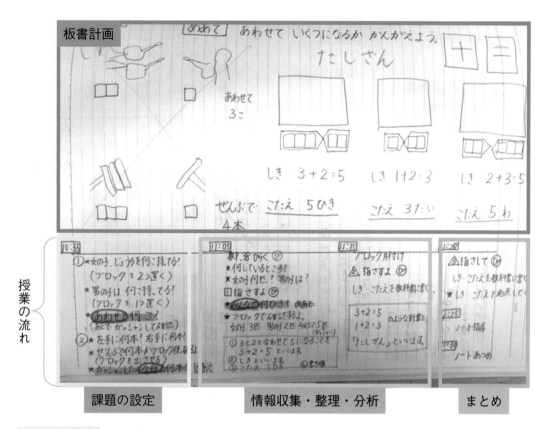

課題の設定　　　　　情報収集・整理・分析　　　　まとめ

ICT 活用

　算数科の授業では、デジタル教科書を当たり前に活用しており、本時でも問題を提示する時や、ブロックの動きを確認する時に、デジタル教科書を使いました。

板書の実際

課題の設定　　　　　情報収集・整理・分析　　　　まとめ

2. スキルアップタイム

スキルアップタイムとは

　スキルアップタイムとは、平成29年度から取り組み始めた、「身につけよう　かくスキル11」（51p）を鍛える時間のことです。11個のスキルの中から、特定のスキルを取り立てて、鍛える取組を行っています。1年生から4年生は、金曜日の朝の帯時間に、「スキルアップタイム」として、教師が音読する教材文を聴き取り、キーワードを書き抜いたり、関連付けたりするような活動を行っています。高学年は、国語の授業の最初に位置付けています。

　平成29年度は、教師が音読する教材を「子どもに伝えたい春夏秋冬　和の行事を楽しむ絵本」（永岡書店）の中から選ぶこととし、全学級に絵本を備えました。子供たちの知識を増やしていきたいという願いもありました。ところが、低学年にとっては内容が難しく、聴き取りきれないという状況も見られました。

　そこで、平成30年度からは、取り立てて鍛えるスキルを全校で統一し、年間で計画的に行っていくこととしました。取り扱う教材を、研究部で準備することとしました。5月から7月は、「聴いてかく・メモする」を中心に鍛えています。教材として「ワーキングメモリーとコミュニケーションの基礎を育てる　聞きとりワークシート①　言われたことをよく聞こう編」（かもがわ出版）を活用しています。

スキルアップタイムの進め方

① 　準備：前日までに、研究部で取り扱う教材を選び、児童用シートと教師用教材文を準備する。
② 　実践：教師が児童全員に教材を配布する。教師は、教材に応じた問題文や独自の問題を読む。児童は教師の読み上げを聴きながら、○をかいたり、メモしたりする。
③ 　振り返り：教材を実物投影機で電子黒板に映し出し、教師が再度問題文を読み答え合わせをする。

実践の様子（2年生）

　2年生はスキルアップタイムをとても楽しみにしています。児童全員が集中し、教室全体が静まり返ります。

　「あてはまる絵にしるしをつけよう」の実践を紹介します。このシートには、象とキリンとライオンとうさぎが描かれています。児童の実態に合わせて、教師は問題文を変えることができるのが、この教材のよい所です。この時担任は、「私は誰でしょうクイズ」として扱うこともしました。「私は動物です。体の一部が長いです。それは息をするところです。」というように、聴いて考えるような問題を出しました。全員の児童が正しく聴き取り、かくことができました。

　その後担任は、ちょうど同時期に国語で学習している「まよい犬を　さがせ」を題材に、スキルアップを図っていきました。「まよい犬を　さがせ」という題材は、国語科のA「話すこと・聞くこと」の領域に位置付けられている題材で、だいじなことをおとさずに聞き、メモすることができるようになることを目標としています。新学習指導要領において「話すこと・聞くこと」は、〔思考力、判断力、表現力等〕に位置付けられており、大切に扱いたい題材です。

　児童はシートを裏返しにし、箇条書きのための点を打ち始めました。メモを取る準備です。その後、担任の言葉を注意深く聴き、犬の特徴をメモしていきました。このように、児童が自ら見通しをもって主体的に学習に取り組めるようになるために、スキルを鍛えて身につけさせる必要があると考えています。

　また、こういった題材の扱いは、帯時間と授業時間を繋ぐカリキュラムマネジメントの工夫でもあると考えています。

　これからも、各学年の実態に応じた教材の開発を行うなどして、スキルアップタイムの充実を図っていきたいと考えています。

3. ロングスキルアップタイム

ロングスキルアップタイムとは

　ロングスキルアップタイムとは、情報を的確に把握し、把握した情報を目的に応じて整理・分析し、整理・分析した内容を、わかりやすく発信・伝達するという、情報教育の目標である情報活用能力を、特化して身につける時間として取り組んでいます。もちろん本単元でつけたい教科の力を身につけさせるために、探究的な学習の過程に沿って、ICTを効果的に活用しながら学習を進めます。普段の授業と異なるところは、自分の考えをもち、みんなで共有し、考えをまとめて子供たちの「わかった」で終わらせるのではなく、わかったことをもとに、繰り返し練習することで鍛えて、本時でつけたい力を全員が発揮するところにあります。

実践の様子（1 年生）

　この実践は，第 1 学年の国語科「きいてつたえよう（話す・聞く）」の実践です。この単元のめあて「つたえかた名人になろう」に沿って、先生の話をよく聞いて、他の人に正しく伝える学習をしました。

　本単元は、平成 30 年度から新しく始めた、情報活用能力育成のためのカリキュラム「ロングスキルアップタイム」の時間として設定しました。

　ロングスキルアップタイムを行うに当たっては、次の 4 つのことを大切に取り組んでいます。

① 単元構成の工夫

　一つ目は、まず本単元で身につけさせたい力を明確にし、それらを全員に確実に習得できるような単元構成を行うことです。本単元で身につけさせたい力は、「(1) 大事なことを落とさないように聞く力」、「(2) メモする力」、「(3) 伝える力」の３つです。指導書では、１時間で３つの力を練習する構成になっていたところを、２時間構成にし、それぞれの力を取り立てて指導するようにしました。

<指導書>

時	学習活動
1	・学習課題を確かめる。 ・正しく連絡するために気をつけることを話し合う。
2	・連絡の練習をする。 ・単元の学習を振り返る。

ロングスキルアップタイム

<ロングスキルアップタイムを取り入れたカリキュラム>

時	学習活動
1	・学習課題を確かめる。 ・正しく連絡するために気をつけることを話し合う。
2	・正しく聞くための方法や、わかりやすいメモの仕方について考え、聞いて(1)、メモする(2)練習をする。
3 本時	・聞いたことを正しく伝えるための方法を考え、正しく伝える(3)練習をする。
4	・「こえのゆうびんやさんゲーム」をする。 ・学習の振り返りをする。

　時数を２時間増やしたので、その２時間は国語全体で調整をします。

　子供たちには、このような学習の流れを「学習すごろく」として、単元の初めに提示しました。子供たちからは、「次は○○名人だ！」と、見通しと意欲をもって取り組んでいる姿を見ることができました。

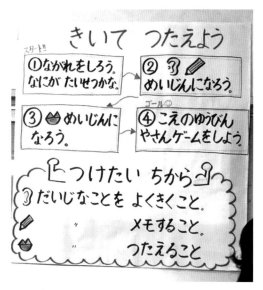

② 探究的な学習の過程（30分）＋鍛えて発揮する（15分）

　二つ目は、探究的な学習の過程（課題の設定→情報収集→整理・分析→まとめ・表現）を明確にして授業を構成することです。授業の中で今どの学習段階に当たるのかが児童にもわかるように、低学年の場合であれば、みつける（情報収集）、くらべる（整理・分析）、まとめ（まとめ・表現）などのカードを黒板に提示します。また、探究的な学習の過程を30分で行い、残りの15分で本時でつけたい力が身につくよう、フラッシュ教材などICTを効果的に活用して鍛えていきます。

具体的には、探究的な学習の過程に沿って、以下のように行っていきました。

めあて（課題設定）

　先生の話を聞いて、その話を他の人に伝える練習をすることを、絵とともに知らせました。めあては、子供たちの意欲をかきたてるような「つたえかためいじんになろう」にしました。

みつける（情報収集）

　先生の話を聞いて、その話を他の人に伝えるときにどのように言ったらよいか、4つの例で考えさせました。電子黒板に4人の子供の発言を提示し、それぞれの言い方を確かめました。

くらべる（整理・分析）

　4人の発言を、タブレットPC上で、一人ずつ提示しました。その子供の言い方は、正しいか間違いかを、一人ずつ提示されたセリフに〇か×をつけていきました。一人ずつ提示されることで、子供たちはそのセリフに集中し、判断することができました。その後、クラス全体で、正しい理由、間違いの理由も確かめながら、整理していきました。

まとめ（まとめ・表現）

　整理・分析したことをもとに、伝えるときに大事なポイントをまとめていきました。

① 復唱

　正しい伝え方の文型を身につけるために、まずは、全員で復唱しました。

② 穴埋め問題（全員が口頭で答える）

　先生から聞いた話を、よく聞いて覚えて正しく伝えられるか、穴埋め問題を提示し、全員で答えて確認しました。

発揮する

① 穴埋め問題(個人でワークシートに書く)

　先の②の穴埋め問題と同じ形式の問題をワークシートとして配布し、個人で答えを書きました。本時でつけたい力が本当に身についているかを確認します。

② 一人で読む練習

　まず、ワークシートに書いたことを正しく伝えられるように、一人で声に出して読む練習をします。

③ ペアで読む練習

　次に、隣の席の友達とペアになって、相手を意識しながら声に出して読む練習をします。

④ 全体の場で発表

　最後に、数名指名して、全員の前で声に出して読みます。鍛えてきた身につけた力をクラス全体の場で発表し、発揮します。

鍛えて発揮する場面では、変化のある繰り返しで、身につけさせたい力を定着させていきます。

③ ICT活用

　三つ目は、ICTを効果的に活用することです。本時では、必要な資料を精選して提示するためにタブレットPCを使いました。4人の言い方の例を提示するときに、いきなり全ての例を提示すると、ひらがなを習い終えたばかりの1年生にとっては情報量が多く、読む気力を失ってしまうようなこともあります。そこで、タブレットPCで、言い方の例を一人ずつ提示することで、必要な情報だけを読み取れるようにしました。こうすることで、どの児童もじっくりと集中して教材と向き合うことができました。

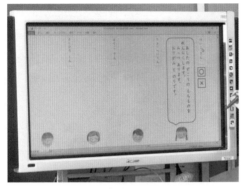

④ かくスキルを用いたかく活動

　本時では、スキル2の「聴いてかく」を使いました。1年生にとって、聴いたことをかくということは、「聴く」と「かく」の二つの作業が伴うため、とても難しいことです。

　そこで、同じ形式の問題を繰り返し行った後で、本時の内容が身についているかどうかを確かめるために、右のワークシートを使って、聴いてかく活動を行いました。

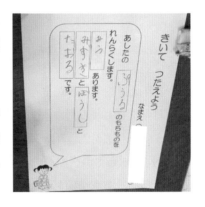

ロングスキルアップタイムを実践して

　身につけさせたい力を明確にし、それを基に単元構成を工夫したことで、毎時間一つひとつの力を定着させることができました。一方、授業を実践してみて、本来の授業であれば45分でまとめにたどり着けばいいところを、授業開始30分までにまとめにたどり着かなければならないところにロングスキルアップタイムの難しさがありました。

　しかし、児童に提示する資料をICTを使って示したことで、個人の学習を効率よく行うことができました。また、児童の思考に沿った探究的な学習の過程で進めていくことで、授業内容から逸れることなく集中して学習することができました。また、授業の後半15分の、鍛えて発揮する場面で、変化のある繰り返しで段階を踏みながら学習したことで、ほとんどの児童が本時で身につけたい力をつけることができました。

藤の木小学校における OJT
―初任教諭5年間の学び―

平成26年度―初任　　**驚きのICT先進校！！**

　初任者の私は特別支援学級の担任として、藤の木小学校に勤務することになりました。学校現場の仕事は、授業をするだけではなく学校を運営していくために必要な仕事があり、右も左もわからない中で日々をこなしていくことは、想像以上に大変でした。毎日の授業を考えていくことにとにかく必死でした。そんな私には、ICT環境が整っていることがとても助けになりました。初任者であっても電子黒板やデジタル教科書を使うことで、授業で使える材料が増え、授業の中身を充たすことができました。

　とはいえ当初は、電子黒板をうまく使うことができませんでした。児童に興味を持たせられる反面、ルールづくりがうまくいっていないと扱いが難しくなったこともありました。校内ミニ研修で個別に学んだり、先輩の先生方の授業を見たり、直接教えてもらったりする中で、学級経営や学習規律がしっかりできた上に、ICT活用があることを学びました。

平成27年度―2年目　　**緊張の公開研究会！！**

　2年目は初任者指導の先生はいなくなり、1人でやることが増え、1年目以上に慌ただしい日々を送りました。一方で、電子黒板の使い方には慣れ、タブレットPCを授業で使うようになりました。

　12月に、初めての公開研究会を経験しました。もう一つの特別支援学級の先生とともに、自立活動の授業を公開しました。夏から教材研究を始めました。学習指導案検討会を経て、作り直した学習指導案で模擬授業を行った時、先輩の先生方からのアドバイスがとても役に立ちました。授業の中身についてはもちろん、教師の目線や立ち位置、発問の言葉、児童への声かけの仕方も具体的にアドバイスをいただき、日頃から意識をするようになりました。しかし、公開研究会の当日は、緊張のあまり早口になり、時間が大幅に余ってしまいました。

　公開研究会へむけて授業を作っていく過程で最も印象に残ったことが、「ICTを使うことを目的にしてはならない。ICTを使うことが必ずしも正解というわけではない。児童を成長させるためにどんなものを使うのか、それを使うことが本当に成長につながるのかを考えることが大切。」と教わったことです。

　ICTを使うことの意味や意義を考えるようになった2年目でした。

平成 28 年度— 3 年目　　初心にかえって！！

担任していた6年生が卒業し、新しく迎えた1年生と新6年生の新たなメンバーでスタートしました。低学年の担任は初めてだったので、生活指導やひらがな、計算など、生活や学習の基礎を教えることは、自分の指導を振り返るよいきっかけとなりました。

2度目となる公開研究会は、1度目と同じく、もう一つの特別支援学級の先生と自立活動の授業を行いました。一人ひとりの実態に応じたデジタルワークシートを、何度も検討し作成しました。個別学習に役立つICT活用を研究した3年目でした。

平成 29 年度— 4 年目　　新たな役割！！

藤の木小学校はこの年にインクルーシブ教育システム構築実践研究校となりました。私は、その研究の要となる専任の特別支援教育コーディネーターの役を担うことになりました。

まず始めに、校内の環境整備を行いました。学校を改めてインクルーシブ教育システム構築の視点で見直してみると、「藤の木スタンダード」「指導のスタンダード」「つながる発言レベル」「身につけよう　かくスキル11」、統一した掲示など、ICT活用の基盤として整え、全校で統一して取り組んでいるシステムが、インクルーシブ教育システム構築にも繋がることに気づきました。その中で、ICT活用が「見える化」によるわかりやすさに役立つことや、子供にICT活用スキルを身につけさせることが大切であることを再認識しました。また、どの児童も意欲をもって学習に取り組めるようにするためにはどうしたらよいのか、そのためにどのようなICT活用が考えられるか、様々に考えるようになりました。

平成 30 年度— 5 年目　　全国へ発信！！

前年度に引き続き、専任の特別支援教育コーディネーターとして、児童への支援や、校内のネットワークづくりを中心に活動しています。

機会に恵まれ、夏に、国立特別支援教育総合研究所で、特別支援教育とICT活用について全国の先生と共に学ぶことができました。協議会では藤の木小学校の取り組みを発表しました。他校のICT活用の取り組みの様子も知ることができ、大変刺激を受けました。これからの実践に生かしていきたいと思います。

初任時には、教室に電子黒板があることに驚いていた私も、今では全国の場で藤の木小学校を紹介するまでになりました。出会った全ての人に感謝し、学んだことを今の子供たち、これから出会う子供たちに返していきたいです。

■ おわりに─今できることに全力で

本書の原稿をまとめたのは、平成30年の夏から秋でした。その時期は、西日本豪雨、災害、台風21号、北海道胆振東部地震と、日本が激甚災害に見舞われた時期です。その期間、今できることに精一杯力を尽くすとの思いで、皆で日々、取り組みました。

私たちはこれまで、ICTを児童の学びに役立つ道具として見せていかなければ、ICT環境整備は進まない、ICT活用も広がっていかない、本校こそがその具体を見せ続けていく使命があるとの思いで、目の前の機器を最大限に活用し、全力で取り組んできました。

1冊目となる「藤の木小学校未来の学びへの挑戦　フューチャースクール推進事業・学びのイノベーション事業実証研究校の歩み」を出版したのは、その役割を終えた平成26年3月です。それ以降は、広島市によってICT環境が維持され、今日に至っています。その間、ICT活用先進校としての役割を、様々な方々が様々な形で与えてくださいました。

・広島市教育委員会：授業改善推進ICT活用研究指定校（平成26・27・28年度）
・広島市教育委員会：インクルーシブ教育システム構築実践指定校（平成29・30年度）
・富士通株式会社：「明日の学びプロジェクト」アドバイザー校（平成26・27・28年度）
・株式会社富士通総研・日本文教出版株式会社：デジタルワークシート研究開発協力校（平成27・28・29年度）
・公益財団法人パナソニック教育財団：第42回実践研究助成特別研究指定校（平成28・29年度）
・公益財団法人パナソニック教育財団：第44回実践研究助成校（平成30年度）
・総務省中国総合通信局・中国情報通信懇談会：ICT教育セミナーin藤の木開催（平成28年2月5日開催）
・広島市教育センター：ICT活用研修「藤の木塾」開催（平成26・27・28・29・30年度）
・広島県教科用図書販売株式会社：「キーボード選手権ファイナル＆情報モラルアップに挑戦」開催協力（平成28・29・30年度）

また、本校の取組に対して、文部科学省：平成27年度「情報化促進貢献個人等表彰」文部科学大臣表彰、日本教育工学協会：学校情報化先進校「教科指導におけるICT活用」（平成28年10月）の評価もいただきました。

このように多くの方々が本校を支えてくださるおかげで、ICT活用研究を継続することができ、ここに、2冊目となる本書を出版します。本書が、未来の学びの実現に少しでも役立つならば幸いです。

この間、教職員は、本校が果たすべき役割を自覚して、確実に取組を繋ぎました。保護者・地域の方々は、本校を誇りに思って支えてくださっています。毎年開催する公開研究会も17回目を迎え、8年前に目指した未来の学びの形が少しずつ見えるようになってきました。これからも、常に新たに学び、学びの質を高める実践を積み重ねてまいりたいと思います。

最後に、出版に際し快くご執筆くださった堀田龍也先生、梶本佳照先生、監修の大役を担ってくださった高橋純先生、懇切丁寧に導いてくださった教育同人社の皆様に心から感謝申し上げます。

平成30年11月　　　　　　　　　　広島市立藤の木小学校長　島本　圭子

●藤の木小学校関連書籍等（平成 26 年～）

書籍等	発行者	タイトル	発行年
藤の木小学校未来の学びへの挑戦　フューチャースクール推進事業・学びのイノベーション事業実証研究校のあゆみ	教育同人社		2014 年 4 月 1 日
小学校時報	第一公報社	ICT を活用した授業力向上を目指して	2015 年 11 月 10 日
だれもが実践できるネットモラル・セキュリティ	三省堂	管理職としての情報モラル対応の実際（小学校）	2018 年 1 月 30 日
教育研究	初等教育研究会	ICT を活用した授業力づくりの追究	2018 年 3 月 1 日
CHIeru Magazine	チエル株式会社	2020 年に向けた ICT 環境整備と活用〔取材〕	2018 年 4 月 4 日
教育最前線 第 2 号	三省堂	実践報告　情報社会の学校経営	2018 年 9 月 25 日

●参考文献

	書籍等	発行者	著者	発行年
1	＜書く＞で学びを育てる	東洋館出版社	国語教育実践理論研究会	2014 年 8 月 1 日
2	和の行事を楽しむ絵本	永岡書店	三浦康子	2014 年 4 月 18 日
3	聞きとりワークシート①言われたことをよく聞こう編	かもかわ出版	NPO フトゥーロ　LD 発達相談センターかながわ	2017 年 11 月 14 日
4	小学校学習指導要領（平成 29 告示）解説　総合的な学習の時間編	東洋館出版社	文部科学省	2018 年 2 月 28 日

1 は、「身につけようかくスキル 11 ができるまで」の、〈整理 1〉の参考にしました。
2 は、4 章「スキルアップタイム」で、触れています。
3 は、4 章「スキルアップタイム」で、使用していることを記述しています。写真もあります。コピー可の教材です。
4 は、対談の中に図を引用しています。

●使用デジタル教材

ソフト名		発行者	ソフト名	発行者
指導者用デジタル教科書	1 年～4 年国語	東京書籍	アクティブスクール	㈱内田洋行
	1 年～6 年算数		K12 学習情報活用 知恵たま	富士通㈱
	1 年～6 年書写		デジタルワークシート	富士通総研㈱　日本文教出版㈱
	5 年～6 年社会		e ライブラリーアドバンス	ラインズ㈱
	1 年～6 年道徳	学校図書	チエル フラッシュ教材	CHIeru ㈱
	3 年～6 年英語	文部科学省	手書きドリル	富士通北海道システム㈱
Excel		Microsoft	ジャストスマイル ばんばんバーン	ジャストスマイル
Word			ロイロ J	㈱ Loilo
Power Point			楽しく学ぶ小学生の地図帳	㈱帝国書院
One Note			事例で学ぶ Net モラル	広島県教科書用図書販売㈱
ペイント			ポケモン PC チャレンジ	任天堂・クリーチャーズ ゲームフリーク
Windows フォトビューアー				
Windows メディアプレーヤー			ヤルッキータイマー	ベネッセコーポーレーション
Windows ムービーメーカー				

●研究同人

平成 28 年

島本　圭子	田鍋　慎一	前田　久爾	橋羽　一枝	武居　茂直	岡本眞理子
植田　秀夫	呉原　瑞恵	白木　麻梨	足立美菜子	山﨑　諒平	錦織　礼
中平　禎子	近藤　紗季	田中　淳紀	新田　徹	川崎　悠	有馬　朝路
村中　智彦	諸井　美紗	井山　純子	延近　佐織	渡邉千咲子	田中　紀子
前岡すみ江	松本真美恵				

平成 29 年

島本　圭子	平松　嘉浩	前田　久爾	橋羽　一枝	岡本眞理子	石社　敬司
呉原　瑞恵	白木　麻梨	出雲　春香	濱西　洋子	髙橋あゆ美	近藤　紗季
中平　禎子	田中　淳紀	壱岐　敦子	横井　恵一	村中　智彦	廣田　正樹
川崎　悠	上條久美子	山﨑　諒平	足立美菜子	渡邉千咲子	延近　佐織
前岡すみ江	田中　紀子	松岡　和貴	松本真美恵	沖野　麻委	

平成 30 年

島本　圭子	平松　嘉浩	木下由美香	橋羽　一枝	岡本眞理子	石社　敬司
井原　紀子	白木　麻梨	結城　智子	橋村奈津希	寺尾めぐみ	谷　恵理子
髙橋あゆ美	柏原瑛里子	中平　禎子	近藤　紗季	梅野　早姫	田中　淳紀
横井　恵一	水原　誠	山﨑　諒平	村中　智彦	川崎　悠	渡邉千咲子
古川　麻衣	前岡すみ江	田中　紀子	松岡　和貴	松本真美恵	沖野　麻委

●監修

高橋　純（たかはし　じゅん）

東京学芸大学教育学部・准教授　博士（工学）
所属／総合教育科学系教育学講座学校教育学分野
専門分野／教育方法学，教育工学，教育の情報化，情報教育
中央教育審議会専門委員（初等中等教育分科会），文部科学省：学習指導要領における各項目の分類・整理や関連付け等に資する取組の推進に関する有識者会議・委員，文部科学省：学校におけるICT環境整備の在り方に関する有識者会議・委員，文部科学省：学校業務改善アドバイザーなど歴任。日本教育工学協会副会長。第17回日本教育工学会研究奨励賞受賞。平成28・29年度パナソニック教育財団第42回特別研究指定校藤の木小アドバイザー

藤の木小学校

未来の学びへの挑戦Ⅱ「鍛えて 発揮する」

主体的・対話的で深い学びを実現する　かく活動×ICT活動

ISBN978-4-87384-164-9
2018年12月1日　初版
　著　者　広島市立藤の木小学校
　監　修　高橋　純
　発行者　森　達也
　発行所　株式会社　教育同人社　www.djn.co.jp
　　　　　〒170-0013　東京都豊島区東池袋4-21-1　アウルタワー2F
　　　　　TEL　03-3971-5151　　Email　webmaster@djn.co.jp

装丁・デザイン・印刷　木元省美堂　www.kimoto-sbd.co.jp